THE BROAD WORLD CONNECTS TO

SHINSHU

信州を学ぶ◉視野を育てる編

広い世界と
つながる信州

——長野県立歴史館編

信濃毎日新聞社

はじめに

長野県立歴史館長　笹本正治

世界的なヒトの移動

　長野県飯田市にある竹佐中原遺跡から８００余点の石器が出土しました。長野県埋蔵文化財センターは平成22（２０１０）年、後期旧石器時代より古い３万～５万年前のものだと発表しました。つまり、３万年から5万年前の間の時期に、飯田に人がいたのです。

　私たち現生人類の誕生については諸説ありますが、40万年から25万年前にアフリカで誕生し、他の大陸に進出したとするのが一般的です。１９５８年に中国で発見された現生人類の化石（柳江人《りゅうこうじん》）の生存時期は、少なくとも13万６０００年前までさかのぼり、ジャワ島で発見された12万5000年前ごろの歯も現生人類のものと推定されています。

7万5000年から4000年前、スマトラ島の北部にあるトバ火山の大噴火がありました。大火山の爆発的な噴火で火山灰や霧状の硫酸が太陽光を遮る〝火山の冬〟によって、世界の気温は1～5度低下し、それが1000年ほども続いたといいます。噴火直後の2～3年は15度も低下したため北半球で氷雪地帯が拡大し、当時東南アジアまで進出していた現生人類は死滅してしまったとの説があります。

トバ火山の大噴火によりサハラが砂漠化し、動物はもちろん植物さえ得られなくなったため、アフリカに残っていた人々も死滅寸前状態に陥りました。彼らは6万年前、新天地を求めてサハラ砂漠から第2回目の出アフリカを決行します。その一部が、5万年前までにアジアからヨーロッパに到達したというのです。

飯田の竹佐中原遺跡にいた人々のように、現在の長野県域に人が住むようになった背後には、地球全体の人類の紀行、アフリカから始まる長い旅の歴史がありました。

満蒙開拓と文禄・慶長の役

一気に時代を飛び越えましょう。

飯田市の隣にある下伊那郡阿智村駒場に、満蒙開拓平和記念館があります。昭和6（1931）年から昭和20（1945）年まで、日本から満州国へ農業移民として送り出された満蒙開拓団の歴史を現代から後世に伝え、多くの人が平和への願いを共有していくことを目的に建てられました。満州国は昭和6年の満州事変を契機に関東軍（日本陸軍の満州駐留部隊）が建国し、中国の東北地方に昭和7年から昭和20年まで存在した国です。政治の実権は日本が握っていました。移住した約27万人のうち、1割以上の3万2992人が長野県人でした。日本近代の主要輸出物は生糸で、その主産地のひとつが長野県でした。昭和4年に勃発した世界恐慌の影響を受け、生糸の価格が大暴落すると、農村は大打撃を受け、政府の指導もあって満州国へ多くの人を送り出したのです。開拓とは言っても満州には既に住民がおり、住んでいた土地を取り上げて日本人が入っていきました。

昭和20年8月9日、ソ連軍が満州国へ侵攻してきました。成人男性のほとんどが軍に召集されていた中、女性や子ども、老人たちが日本を目指しますが、現地住民らの積年の恨みもあって略奪や襲撃に遭い、各地で集団自決や飢えと寒さと病気で大勢の開拓団員が亡くなりました。約27万人の開拓団のうち、実に8万人もが命を落としたのです。

満蒙開拓に参加した人たちの悲劇は言い尽くせません。彼らは国の政策の被害者です。一方、彼らは日本国の侵略の先兵という側面をも持っていました。一人ひとりが自覚していなくとも、私たちは被害者になり、加害者になることがあるのです。

日本を超えた世界の経済状況、第2次世界大戦という世界史の画期、信州の狭い農村と広い満州など、広い視野と多角的なものの見方をしないと本質が見えません。そのような視点で展示がされているので、満蒙開拓平和記念館を訪れる人が多いのです。


日本が海外を侵略した戦争としては、豊臣秀吉の「朝鮮出兵」として知られる文禄・慶長の役（1592〜98）を忘れてはなりません。

この時の日本における基地が、佐賀県唐津市に残る肥前《ひぜん》国名護屋《なごや》城です。秀吉が設けたこの城の建設に、信州人の先祖も関わっていました。天正18（1590）年の小田原の役に参陣して軍功を挙げ、飯田城主として返り咲いた毛利秀頼は、文禄元（1592）年から名護屋城の普請に加わり、在陣しました。彼の指揮で飯田の領民が動員されたはずです。

人気の高い真田昌幸もこの戦争に関わり、文禄の役では名護屋城に在陣していました。

昌幸には500人の軍役が課され、徳川家康ほか関東・奥羽諸大名の中に編成されました。結局、昌幸は渡海することなく、家康と共に文禄2（1593）年8月29日に大坂に帰陣しました。

一方、直接朝鮮半島に渡った人たちもいました。当時、北信濃を領していた上杉景勝は文禄元年、秀吉の朝鮮出兵が始まると、5000人を率いて名護屋に駐屯し、文禄2年6月6日から9月8日まで、秀吉の名代として家臣の高梨頼親らを伴い朝鮮に渡りました。そして、朝鮮半島での日本軍の最前線基地として、熊川に城（倭城）を築城しました。この時景勝が連れていったのが、戸隠と飯綱地区（現長野市）に住む、戸隠と飯縄信仰の修験者「葛山衆《かつらやましゅう》」です。彼らは船に麻布、米、鉄砲、槍などの軍事物資を積んで、直江津から名護屋城を経て熊川まで運びました。

鳥の眼と宇宙の眼

このように、国や領主の動きに一般の人々が翻弄されることは多々ありました。しかし、真の責任がどこにあるのか、誰が責任を取るべきかさえ明確にしていません。太平洋戦争の敗戦後に「一億総懺悔《ざんげ》」などと言ったのは、政治責任をはっきりさせないためでした。

はじめに

平成23（2011）年3月11日に発生した東日本大震災に伴う福島第一原子力発電所事故に際しても、原発を進めてきた政府や研究者、会社などは責任を取らずに、地域住民や税金を出す国民に大きな犠牲が強いられています。

「信州を学ぶ」シリーズ第1巻は『日常生活からひもとく信州』として、衣食住などに目を向けました。言うならば地面に近いところで暮らしている虫の眼のように、狭く、深く、生活に即して信州の歴史を考えていこうとする試みです。

でも、足元だけ見ていたのでは大局を忘れてしまいます。そこで今回は、鳥の眼で歴史を見ていきたいと思いました。鳥は高いところを飛びながら獲物を求めるので、全体像を掌握しているはずです。しかし今や、鳥の高さでは地球という人類の歴史舞台全体が見えないことも明らかになりました。地球全体を考える宇宙的な視点も必要です。

歴史を考えるには常に虫のように地に這《は》いつくばる視点と、大局から考える高い視点が大事です。私たちもこの双方を意識しながら歴史を考えていこうではありませんか。

広い世界とつながる信州◉もくじ

はじめに

第1章　信州に集まる人、モノ、文化……11
海への憧れは距離を超える　12
大陸系磨製石斧の一大プラント　21
諏訪信仰はこうして広がった　32
城跡が語る信濃の境目　46
伊那谷が慈しんだ人形芝居　57
松本城に博覧会がやって来る！　67
文化の十字路は祭りの宝庫　76

第2章　信州は日本をリードした……91
黒曜石は輝ける最古の信州ブランド　92
川中島が読み解いた歴史の狭間　107

column
信州が起源？　鷹狩　42
長野県民の常識　学校登山　190
平岡ダムは誰が造ったか　戦時中の労働　254

博物館の父は飯田から羽ばたいた 118
「世界のシルク王」が描いた夢は 133
野球に青春をかけた教師たち 151
上田から広まった自由大学運動 164
学校と森林の長くて深い関係 178

第3章 世界の中の信州……… 195

シナノの古墳に眠る渡来文化 196
善光寺信仰と東アジアのつながり 209
世界も驚いた松本城下の水事情 219
ヨーロッパを目指した若き才能 229
戦争遺跡が記録する消えない記憶 241
受け継いでゆく長野五輪の遺産 259

あとがき

1

信州に集まる人、モノ、文化

海への憧れは距離を超える

信州で発見されたサメ

昭和47（1972）年、山ノ神遺跡（飯山市）の発掘調査で、縄文時代晩期前半（約2900年前）の土器や石がまとまって出土した場所から、不思議な線刻画の描かれた土器片が見つかりました。「魚形線刻画土器」と名付けられた土器片の絵は、シュモクザメというサメにそっくりでした。

このサメは、左右に張り出した頭部が丁字形の撞木《しゅもく》のような形をしていることからシュモクザメと呼ばれています。土器の絵は、特に印象深い眼や頭部、尾ひれの形をリ

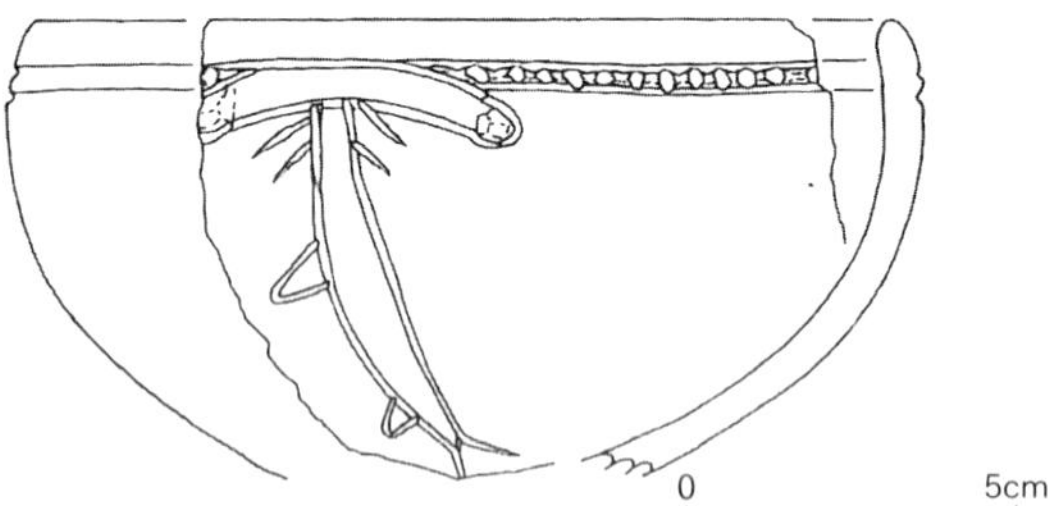

県宝「魚形線刻画土器」に描かれたサメの絵（飯山市ふるさと館蔵）

シュモクザメ

アルに表現しているように感じられます。しかし内陸部にある遺跡で、鮭や川魚ならともかく、シュモクザメの絵が描かれているというのは意外性がありすぎではないでしょうか。

当時、飯山北高等学校の教諭で、調査を担当した高橋桂は、シュモクザメかそれとも漁具と鮭をセットで描いたものか、可能性を探りつつ結論を保留しました。縄文絵画の類例がほとんどなかった点も、判断に苦しんだ要因でした。この絵がシュモクザメだとするとなぜ、縄文時代では例外中の例外である絵に描かれ、しかも海のない信州の地で発見されたのでしょうか。

まず、縄文時代の信州にサメが持ち込まれた例を確認してみましょう。千曲川最上流部に近い栃原《とちばら》岩陰《いわかげ》遺跡（南佐久郡北相木村）で、縄文時代早期初頭（約1万年前）のサメの歯の加工品（未成品）が出土しています。また、宮崎遺跡（長野市）では晩期後半（約2600年前）のサメの椎骨《ついこつ》製耳飾りが見つかっています。ほかにも点数はわずかですが出土例があり、さまざまな時期にサメ製品が持ち込まれていたことがわかっています。

サメ製品は単なる飾りではなかったようで、獰猛《どうもう》なサメの歯は強い殺傷能力の象徴であり、その力にあやかって魔除けにしたと考えられています。しかし、海辺の貝塚で見つかるのは当然として、山あいの縄文人が持っていたとは驚きです。サメのことやサメ製品を魔除けとして身につけることについて、既に情報が伝わっていた可能性があるからです。それにしても、信州の縄文人はサメの全身像まで知っていたのでしょうか。

サメ肉には臭素《しゅうそ》などが多く含まれていて保存が効くため、食用として山あいの地へ運ばれた歴史があります。『長野市誌』によると、昭和時代の中ごろまで長野市内でもサメ肉が売られていたようです。広島県の山あいにある三次《みよし》市や庄原市では、今でもワニ（サメ）料理が名物になっています。となると、時代状況は違っても、縄文時代の信州にもサメが運ばれていた可能性は捨てきれません。ただし、軟骨魚類であるサメの骨はもろく、遺跡に残りづらいため、証明するには難点があります。

ところで、民俗学者の神崎宣武《かんざきのりたけ》によると、島根県の港から広島県の山あいに向かう海産物の女性の行商人は、重い荷物を持って1日に8里（＝32㎞）歩いたそうです。魚形線刻画土器が見つかった山ノ神遺跡から上越海岸へは直線で40㎞足らず。けもの道のようだったとはいえ、縄文人にとっての数十㎞は、意外と近く感じられる距離だったのではないでしょうか。

たとえば、昭和38（1963）年、当時新聞記者だった本多勝一らがニューギニア高地のモニ族のムラに入ってルポルタージュしたことがありました。交易のためムラに来ていたアヤニ族の人々に同行し、標高4000m超の峠越えを試みた際、本多らは荷物を担いで道なき道を猛スピードで休むことなく走るアヤニ族のペースについて行けませんでした。山の縄文人も同じくらい健脚だったとすると、海と山を結ぶ道を飛ぶように行き来していたと思われます。であれば、山ノ神遺跡から上越海岸の距離など問題ではなかったはずで、サメは山の縄文人にとって馴染みの魚だったのかもしれません。

それでも、シュモクザメの異様な形には驚いたことでしょう。海を司るカミのような存在に感じたのかもしれません。土器に写実的な絵を描く習慣のなかった縄文人が、どうしてもスケッチして残したいと考えるほど、強烈な印象を受けたのだと思われます。

実は、この土器の製作地は上越なのか飯山なのかはっきりしていません。縄文時代晩期の両地域は緊密な関係にあり、土器文様にほとんど違いがないからです。そのため、海辺で作られた土器が運ばれたとしても、通常ありえない文様（絵）の意味は伝えられ、受け取る側も理解していたのではないでしょうか。

信州で発見されるサメ製品から考えると、信州の縄文人たちは意外に多く海の情報を持っていたに違いありません。

海に憧れた信州縄文人

サメの歯が見つかった栃原岩陰遺跡からは、50点近くのタカラガイ類も出土しています。ここは、太平洋からも日本海からも最も離れた山あいの地です。暖かな海辺からやってきた栃原縄文人が、タカラガイやサメの歯を持ち込んだのだと想像したくなります。しかし、貝と一緒に見つかった人骨の成分分析による食物摂取の傾向や、土器・石器の特徴を調べると、彼らは山あいの地で長く暮らしていたことがわかります。つまり、タカラガイなどの海産物は、交易によって遠方からもたらされたと考えられるのです。

栃原から数千年経った縄文時代中期後半（約４７００年前）の旭町遺跡（長野市）からは、タカラガイにそっくりな土製品が出土しています。山の縄文人たちは、日常生活には必要なくても、暖かい海で採れる貴重なタカラガイに憧れ、どうしても手に入れたかったのでしょう。そして、残念ながら手に入らない時は、ホンモノそっくりな土製品で我慢していたのかもしれません。

縄文時代、タカラガイやタカラガイ形土製品は、この貝が採れる日本列島の関東以西の海辺はもとより、東北・北海道の内陸部でも見つかっています。ヒスイやコハク製の装飾品などと同様、希少価値の高いモノは、遠くまで運ばれて行く典型例と考えられます。

人はいくら衣食住が満たされていても、不思議で美しい稀少なモノを欲しがり、行くことのできない遠い世界にロマンを抱く動物です。それは、私たちと同じ現生人類に属す縄文人も変わらなかったと考えられます。

現生のタカラガイ（左）と旭町遺跡から出土したタカラガイ形土製品（長野市立博物館蔵）

縄文人のコミュニケーション

越後と信州は、何も海産物だけで結ばれていたわけではありません。新潟県糸魚川市周辺で産出するヒスイやその装飾品、透閃石岩《とうせんせきがん》製の磨製石斧は、信州にたくさん運ばれてきていました。逆に、矢じりや刃物の材料として最適な信州ブランドの黒曜石が、海辺のムラへ運ばれました。日本海に面した六反田《ろくたんだ》南遺跡（糸魚川市）では、磨製石斧の製作場が発見され、同時に信州系の土器が出土しています。

鍋である土器は、信州縄文人が旅の途中で煮炊きするために持参したのかもしれません。しかし、携帯用で使うのであれば、装飾のない小形品が便利です。ところが、六反田南遺跡から出土した土器の多くは大きく、しっかりと飾りたてられていました。

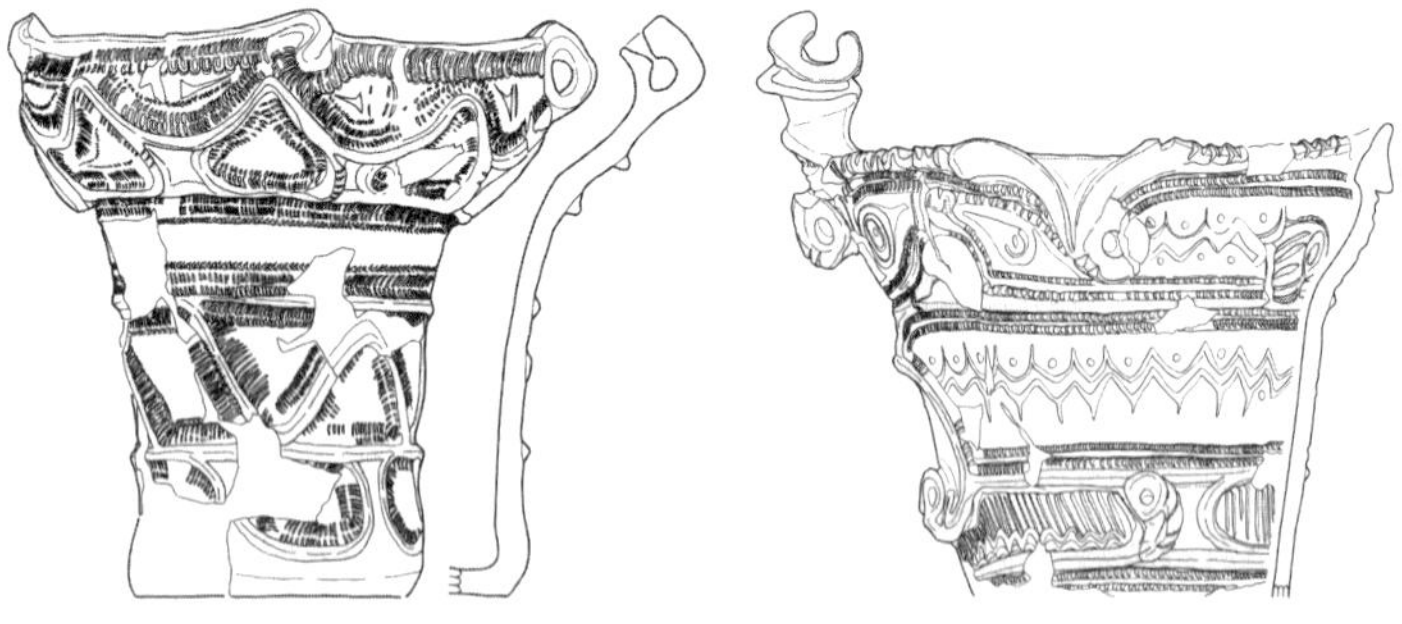

新潟県糸魚川市六反田南遺跡から出土した土器。右が東・北信、中央が中・南信の土器で、左は地元の北陸系土器（新潟県埋蔵文化財センター蔵）

縄文時代中期（約5000年前）は、地域ごとに特徴ある土器を作る時代でした。壊れやすい土器をあえて運ぶのは、土器の装飾によって、どこから来たのかを示す役割もあったと考えられます。贈答用ならば贈り主がひと目でわかり、豪華な方が喜ばれたことでしょう。この遺跡から出土した信州系の土器にはおこげがついているので、地元の人たちといっしょに食事をする際、使われたのかもしれません。交易は、無言で物々交換するよりは、仲良くした方がスムーズに交渉が進みます。異なる地域の土器が出土するのには、こんな縄文人の知恵が働いていたのかもしれません。

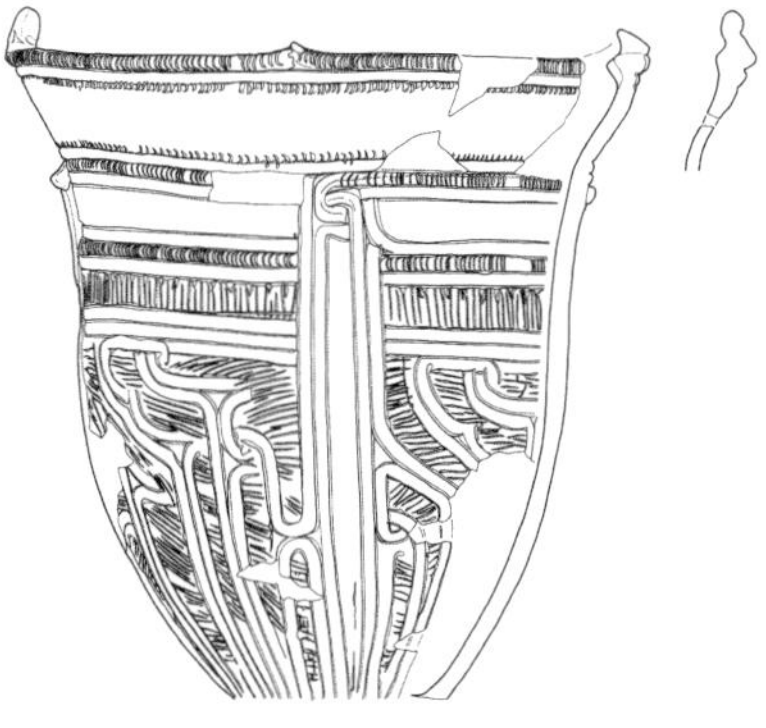

縄文時代は、暑い夏は高原で暮らし、冬は海辺に移動するといった遊動の時代ではありません。人々は各地に根付いて生業を組み立てており、お互いの領域を侵すようなことは難しい時代です。しかし、頑なに排他的であると必要な物品も手に入りません。他地域の人々と良好な関係を築くには特別な機会が必要です。それは交易や地域を越えた大きな祭

りだったと考えられます。会う回数が多く定期的であれば、顔見知りになれる率も高まります。さらに緊密な関係になるためには、縁を結び親戚になることが重要です。

北村遺跡（安曇野市）で発見された縄文時代後期前半（約4000年前）をさかのぼる女性人骨には、外耳道骨腫《がいじどうこつしゅ》という骨の変形が認められました。遺伝や偶然の変異だった可能性もありますが、この特徴は、主に海女《あま》のような潜水作業をする人に認められる症例です。犀川で潜水漁を頻繁にしていたとは考えにくいので、海辺の女性がやって来たと考える方が素直だと思います。

ヒスイや磨製石斧、海産物などの交易を通して、海辺のムラとの行き来は盛んだったのでしょう。そして、この女性は、他の北村縄文人たちと同じ墓地に、同じ方法で葬られていた点が重要です。たまたま訪れた旅人や行き倒れの人ではなく、このムラに定着した人と考えられるからです。現在、ＤＮＡをはじめとするさまざまな科学分析ができるようになってきました。近い将来、これらの分析によって、古人骨から婚姻・親戚関係が明らかになるかもしれません。そうすれば、海と山の縄文人のお付き合いの程度も、鮮明に描けるようになるでしょう。

（寺内　隆夫）

大陸系磨製石斧の一大プラント

新しい磨製石器の登場

約3000年前、日本列島にコメが伝わり、やがて本格的に稲作が行われると、農業を生業の中心とする弥生時代が始まります。稲作の作業に合わせて、縄文文化にはなかった新しい磨製石器が登場しました。収穫用の「石庖丁《いしぼうちょう》」、工具の「石斧《せきふ》」そして狩猟や戦闘に使う「石鏃《せきぞく》」です。これらを総称して「大陸系磨製石器」と呼んでいます。

中部地方は縄文文化の繁栄を代表する地域のひとつとして、縄文石器の製作ではきわめて卓越した技術を持っていました。長野県の縄文石器製作も例外ではありません。そんな中部地方に、稲作技術とともに大陸系磨製石器を作る技術がもたらされます。優れた縄文石器の製作技術の上に、新しい大陸系磨製石器の製作が加わって、弥生石器の製作が開始されました。

大陸系磨製石器の蛤刃石斧（左）と扁平片刃石斧（長野県立歴史館蔵）

大陸系磨製石器の種類を用途ごとに分けてみましょう。石庖丁は収穫用の農具です。工具として使われた石斧は、伐木用の太型蛤刃《ふとがたはまぐりは》石斧《せきふ》と加工用の扁平片刃石斧《へんぺいかたはせきふ》、柱状片刃石斧《ちゅうじょうかたはせきふ》があります。石鏃は狩猟用や戦闘用の道具でした。また、石剣《せっけん》や石戈《せっか》も権威などの象徴や祭祀用の道具として、弥生時代独特の磨製のものが作られるようになりました。

新しい大陸系磨製石器の製作技術は中部地方のどの地域でも発達したわけではなく、長野県だけが特別に発達していたことがわかっています。それは、これらの石器の出土点数を見ても明らかで、中部地方はもちろん全国的にも屈指の数量を誇っています。磨製石庖丁や磨製石斧は五指に入りますし、磨製石鏃の出土数は全国で1、2を競うほどです。つまり、長野県の大陸系磨製石器を探ることは、日本列島の稲作文化定着を考える上で欠くことのできない重要な視点を含んでいるといえます。

そもそも石器は岩石を材料にした利器、道具で、使用目的に応じて作られます。磨製の石庖丁や石斧、磨製の石鏃は、稲作が盛んになった弥生時代に登場した石器です。

長野県での大陸系磨製石器の製作は、約2200年前の弥生時代中期に始まります。最も盛んに作られるのは約2000年前の中期後半で、石器に変わり、鉄器を中心とした金属器が主体となる時期です。この時期、長野県では日本海へ注ぐ北の千曲川水系と太平洋へ注ぐ南の天竜川水系にふたつの稲作文化が誕生していました。北信地域では弥生中期の基準土器であった栗林遺跡（中野市）出土の栗林式土器が盛んに使われ、南信地域では北原遺跡（下伊那郡高森町）から出土した北原式土器を使用する時期にあたります。

磨製石斧は、縄文時代でも使っていたのではと思いがちですが、伐木用と加工用が明確に分かれた弥生斧、特に木を切り倒す伐木用の石斧は、材質、大きさ、重さの点で縄文斧とはまったく違っています。

縄文斧は、砂岩や蛇紋岩《じゃもん》などの堆積岩・変成岩と呼ばれる比較的やわらかい岩石を中心に作られますが、弥生斧は玄武岩や閃緑岩《せんりょく》、輝緑岩《きりょく》などの硬い火成岩で作ります。長さでは縄文斧が18㎝未満なのに、弥生斧は20㎝を規格とし、重量では1㎏を超えます。また、縄文斧は両刃の石斧を縦斧や横斧としますが、弥生斧では加工専用の片刃の石斧（現在の鉋《かんな》の刃の形）が特別に作られ、大きさも4つ程度の規格に分かれていました。

つまり弥生の石斧は、樫の木のように堅い大木を切り倒し、これを巧みに加工して、水田耕作用の農具を製作したり、あるいは木製の刳《く》りもの容器などを加工したりする道具として登場したものなのです。

農具や容器の製作は、斧が石から鉄へ材質転換することになって、やがて飛躍的に発達します。けれど、鉄器が潤沢に流通するまでは、弥生石斧の製作が行われていました。農具や木製容器に対する需要が高まるにつれて、弥生石器の製作量は頂点に達していきます。

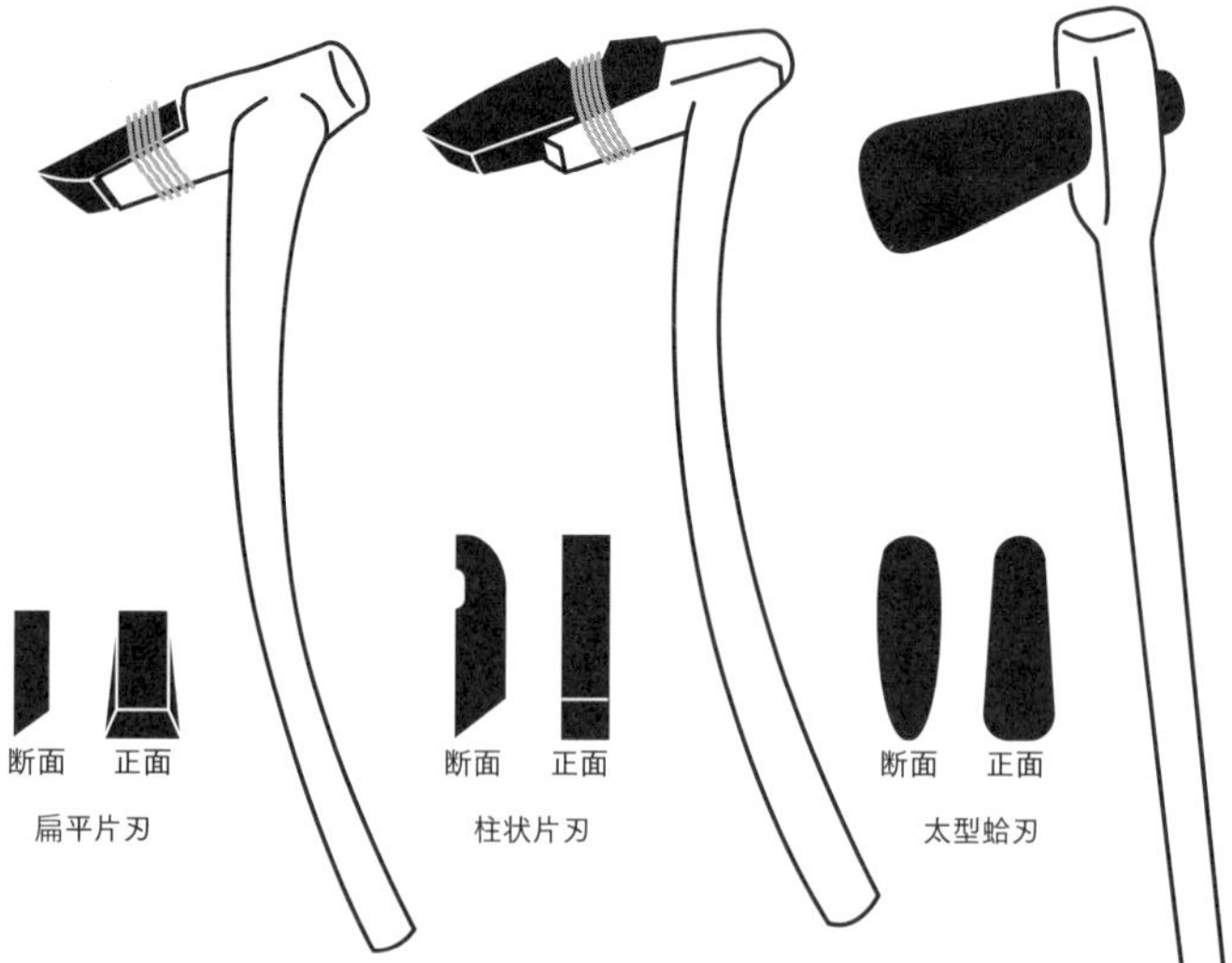

石斧の種類

遺跡ごとの役割

長野県の遺跡では、柱状片刃石斧を除く全ての大陸系磨製石器が製作されていました。それも、石器の種類ごとに製作する遺跡としない遺跡があることがわかっており、どの遺跡においても全ての種類が作られたわけではないのがポイントです。大陸系磨製石器の種類ごとに、どの遺跡で何を製作するかが決まっていたらしいのです。

製作していた遺跡でも、原材料の獲得から完成まで全ての工程を行う遺跡があったり、素材の入手のみ、あるいは製作途中の未完成品段階を手に入れて完成させる遺跡があったりと、遺跡ごとに役割分担があったようなのです。弥生時代の長野県は、石器の種類ごと、遺跡ごとに複雑な製作工程が組み合わされている、大陸系磨製石器生産の一大プラントだったと言えるかもしれません。

磨製石庖丁は栗林遺跡をはじめ、篠ノ井遺跡群（長野市篠ノ井）や松原遺跡（同市松代）で製作されていました。松原遺跡には、高速道地点の発掘調査だけでも１００点近い出土量があることから、松原遺跡だけで消費したのではなく、長野県内と栗林式土器の文化圏内に流通していたとみることができそうです。ことに安山岩を用いた石庖丁は、隣接する新潟県や群馬県、埼玉県でも数点出土しており、長野県製の石庖丁が隣県まで動いていった可能性もありますが、はっきりした根拠はつかめていません。いずれにしろ、隣県では県全体でも数十点を数える程度の出土量に過ぎません。

磨製石斧のうち、太型蛤刃石斧は榎田遺跡《えのきだ》（長野市若穂）や春山B遺跡（同）で製作されていました。太型蛤刃石斧のプラントであった榎田遺跡や春山B遺跡の背後の山には、材質が硬く、緑色岩と仮称する火成岩（変質した玄武岩や輝緑岩）の産地があり、材料の調達から製作までを集中的に行っていたと見られています。こうした製作遺跡は、中部・関東地方ではいまのところ、長野県のこの場所しか発見されていません。したがって、中部・関東地域から出土する緑色岩の蛤刃石斧は、長野県産のものが流通したとする見方が有望です。

また、榎田遺跡で原材料の獲得から石斧の成形・加工（剥離・敲打）までを行ったものを、千曲川沿いに10㎞さかのぼった松原遺跡で最後の研磨仕上げを行っていたのは特筆すべきことです。完成品の蛤刃石斧を流通させるのに、松原遺跡の方が効率がよかったのでしょうか。

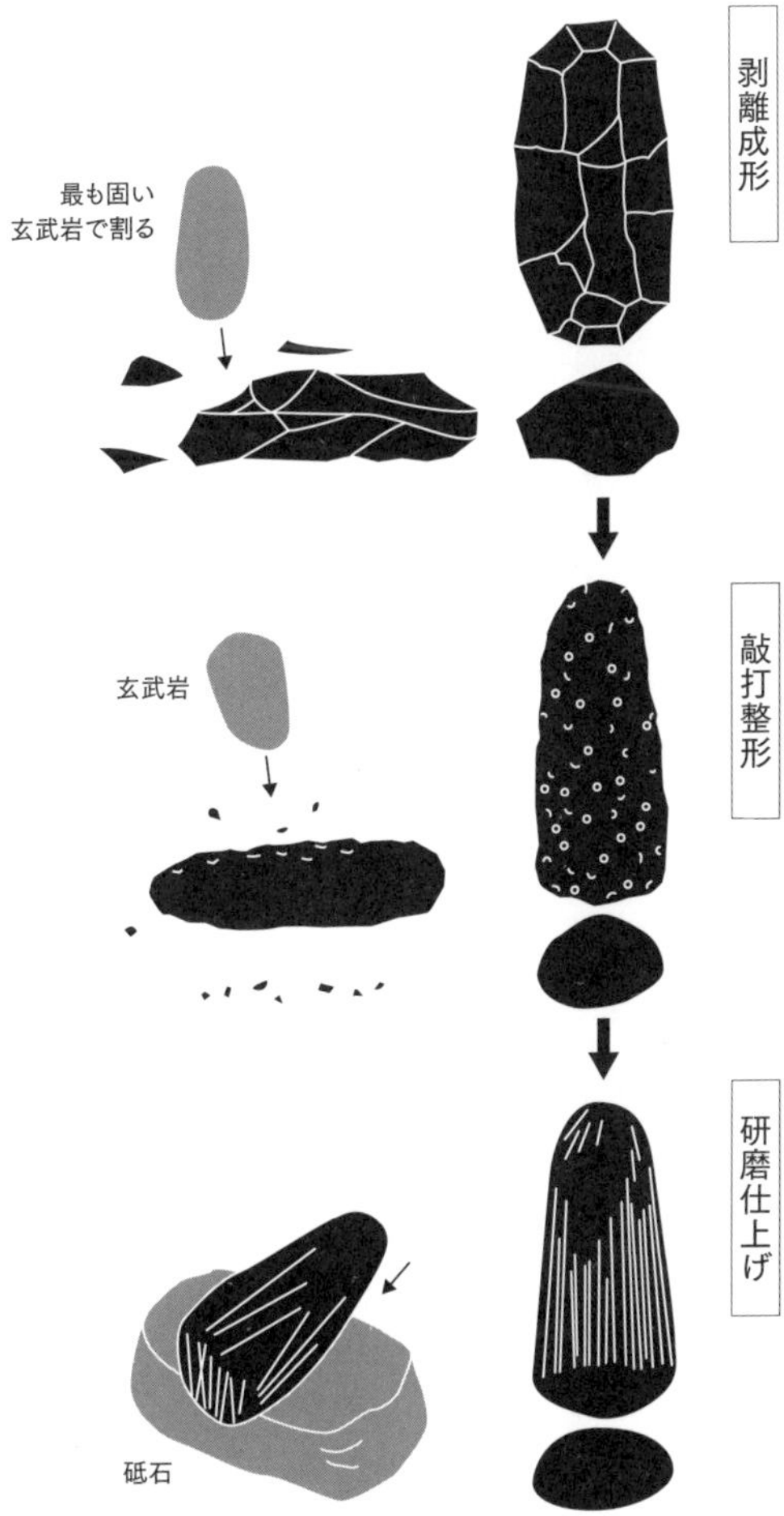

蛤刃石斧の製作方法

扁平片刃石斧は榎田遺跡、春山B遺跡のほか、松原遺跡、四王前田《しおうまえだ》遺跡（下諏訪町）、箕輪遺跡（箕輪町）で製作されています。榎田や春山B遺跡以外では、蛇紋岩や頁岩《けつ》などのやわらかい材質を主体に作られているのが特徴です。これらの片刃石斧は県外まで動いた痕跡はなく、栗林式の文化圏（約100㎞圏）内で完結していたと考えられています。

磨製石鏃は、県内にある弥生時代の主な遺跡で例外なく作られていました。ほかの県では考えられないことです。特に規模の大きな製作遺跡は、北原遺跡、松原遺跡があり、いずれも200～300点以上の出土数があります。隣県では、ひとつの遺跡から数点出土する例がほとんどなので、一遺跡から100点単位で出土する長野県の磨製石鏃数が膨大であることがわかります。

弥生中期の土器と同様、北原式あるいは栗林式を特徴づける磨製石鏃は、体部にひとつ穴が開いた「有孔《ゆうこう》磨製石鏃」と呼ばれるものです。この特殊な形は珪質岩《けいしつ》、頁岩、片《へん》岩などのやわらかな材質で作られ、県内各地で使用する原料（原石）にあまり違いはありません。これは、製作場所と原料が特定の地域のものを使用していたほかの大陸系磨製石器とは、明らかに違う製作上の特質を持っているといえます。

有孔磨製石鏃の形の分布は、関東や北陸、東海地方、さらには近畿地方まで広がっています。石鏃の原料となる岩石が、黒曜石のように県内の各地域を移動した可能性はまだ解明されていませんが、群馬県に製作遺跡が存在することを考えると、製品というよりは原料の動きと絡め、北原式と栗林式の文化的な広がりや影響の強さを考えるのに有効な石器ともいえそうです。

信州ブランドがなぜ成り立ったのか

これまでに日本列島で確認された太型蛤刃石斧の製作遺跡は、小規模な遺跡を入れて18カ所ほどです。そのうち、製作された石斧の流通範囲が30㎞を超えるものになると半分以下となり、100㎞を越える流通が想定される遺跡はたったの2カ所に過ぎません。福岡県の今山遺跡と長野県の榎田遺跡です。つまり、大半の製作遺跡は、同じ土器を用いる文化圏内の需要を満たす程度のものだったわけです。

福岡と長野のふたつの遺跡は、さらにその外の文化圏の需要までも満たすような、いわば一級品であったといえます。実際に榎田遺跡の緑色岩製の石斧は、長野県北部の栗林式文化圏内ではほぼ100%の需要を満たし、関東・東海・北陸の地域までの100㎞圏内、さらには200㎞ほど遠くまでもたらされたと考えられています。これほど遠隔地までも行き渡っていた信州ブランドの石斧生産体制こそ、次のような特筆すべき仕組みだったといえるでしょう。

①製作遺跡から500mほどの場所に、幅1kmにわたる石材の豊富な産出場所がある

②石材は、最も硬質できれいな緑色を放つ変質した輝緑岩や玄武岩である

③規格的な大きさや重量を保っため、転石ではなく、硬い岩石片を剥取している

④製作物の効率的搬出のため、最後の研磨仕上げを別の遺跡で行っている

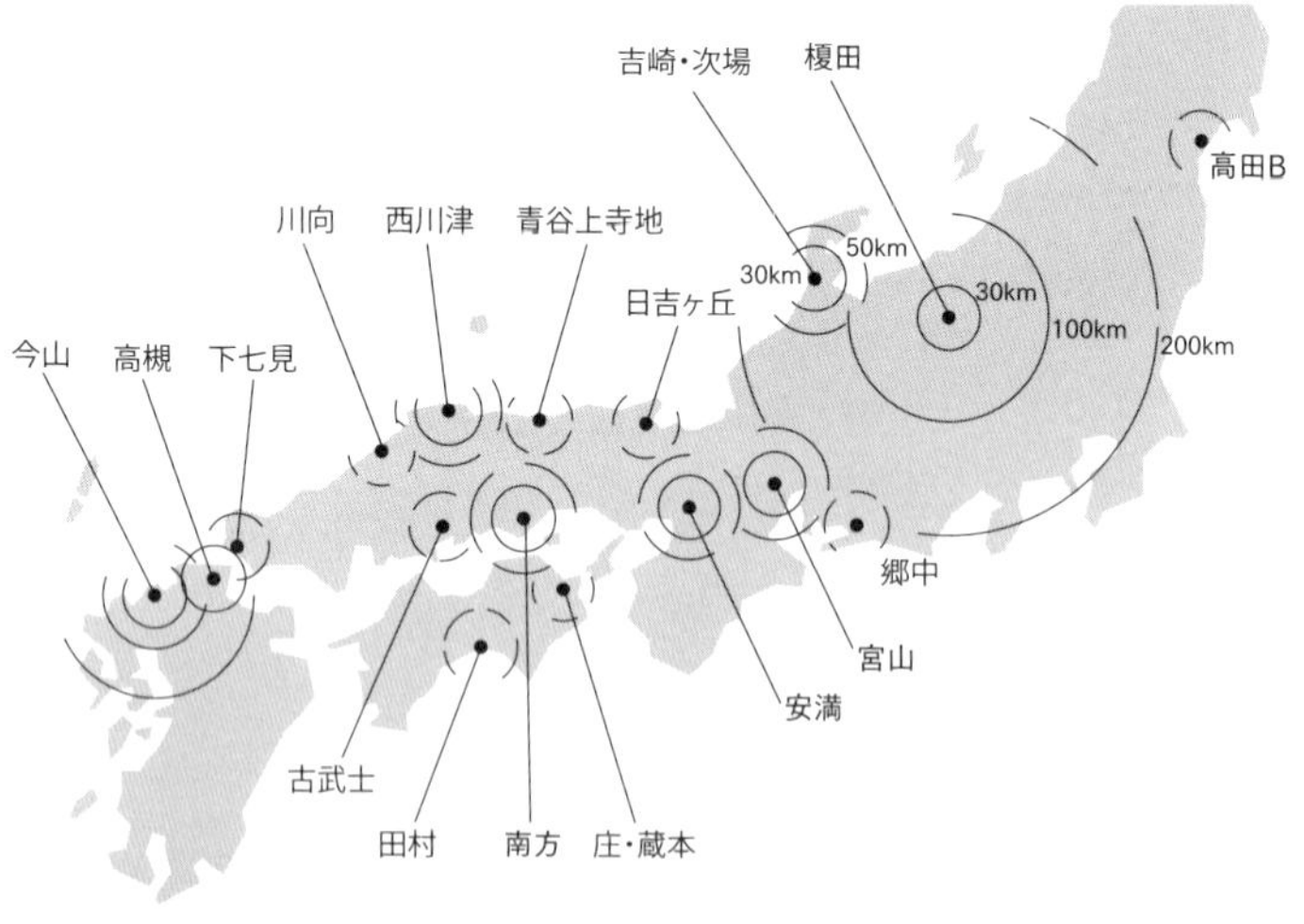

蛤刃石斧の製作遺跡と流通範囲

このように榎田遺跡では原材料の獲得から石斧の成形・加工（剥離・敲打）までを行い、松原遺跡で最終的な磨き仕上げ（琢磨《たくま》）を行って、そこから製品として流通させていたと考えられます。

信州に稲作文化が定着したころには、大陸系磨製石器の製作において、集落間の共同作業が計画的に実行され、組織性の高い生産体制が整備されていました。安定的に石斧を供給する仕組みがあったことは、まさに栗林式ブランド、信州ブランドの樹立であり、その名にふさわしい製品が約２０００年前に生まれていたことになります。（町田　勝則）

諏訪信仰はこうして広がった

全国の諏訪社は1万社超？

山を落ち、川を越え、多数の氏子によって曳き建てされる巨木──。

平成28〜29（2016〜17）年は、多くの諏訪神社（諏訪神を祭る神社の意）において「御柱《おんばしら》祭」が開催されました。数え7年に1度行われる大祭で、本社である諏訪大社では「式年造営《しきねんぞうえい》御《み》柱《はしら》大祭《たいさい》」といいます。「式年」は一定の年限を定める、「造営」は社殿を建てるという意味なので、「式年造営」は年数ごとに社殿を建て替えるということです。

1200年以上の歴史があるとされる諏訪大社の御柱祭も、かつては祭りの度に社殿や鳥居などほぼ全ての建築物を建て替えていました。しかし、数え7年に1度、すべての社殿を建て替えるのは負担が大きく、掘立柱から土台や礎石による建築の耐久化や豪華化もありました。こうして次第に「式年造営」は簡略化されていき、現在の御柱祭では上社と下社の「宝殿」と呼ばれる建物のみを建て替えています。

ちなみに、お宮の四方に御柱を建てることについては「神のくだりますところ」「四方鎮護」「山で神気を宿した木で境内を囲み、神威（神の力）を更新する」「八ヶ岳山麓で栄えた縄文文化が起源」などさまざまな説があります。

諏訪大社は、上社が本宮（諏訪市中洲）と前宮（茅野市宮川）、下社が春宮（下諏訪町大門）と秋宮（同町武居）の2社4座から成り立っています。主祭神は建御名方神《たけみなかたのかみ》とその妻である八坂刀売神《やさかとめのかみ》です。水、風、農業、軍《いくさ》、開拓の神などとして信仰を集めてきました。

古代の諏訪神社に関して、『日本書紀』の691年には「朝廷が勅使を派遣し、須波などの神をまつらせる」、『古事記』には「国譲りの際、タケミナカタが出

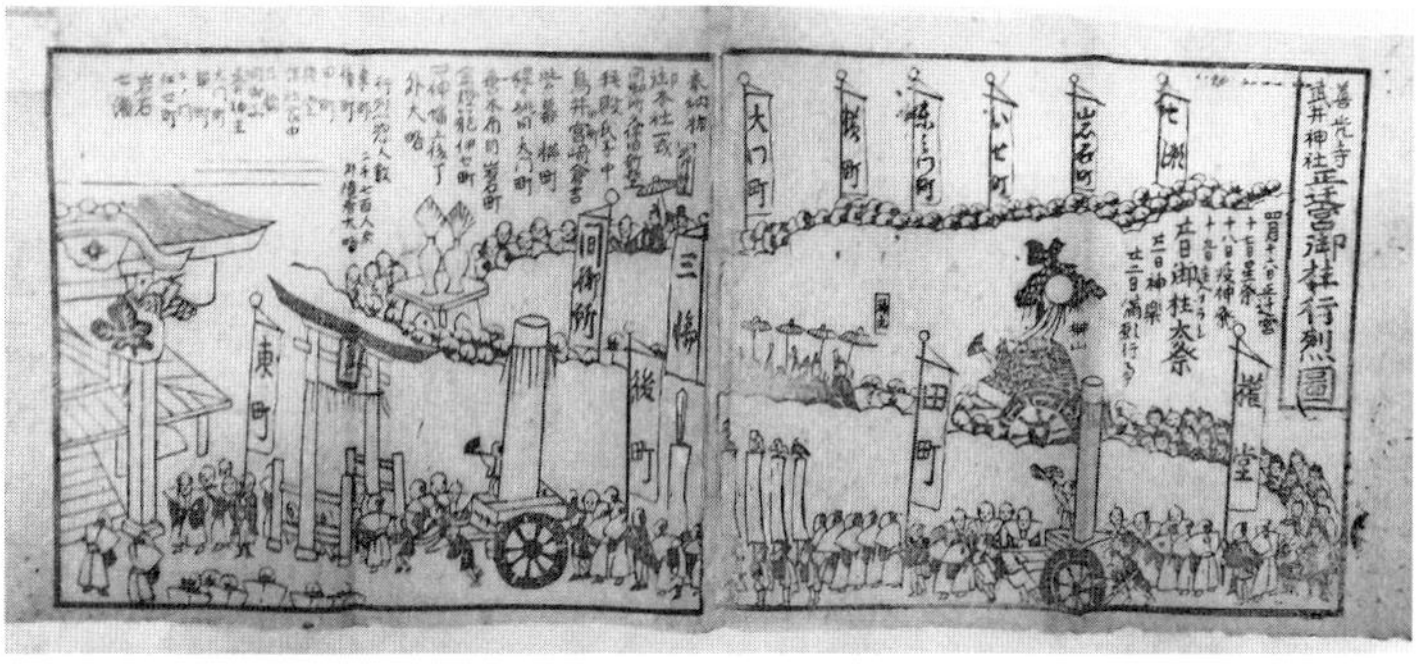

善光寺門前にある武井神社での江戸時代の御柱行列（長野県立歴史館蔵）

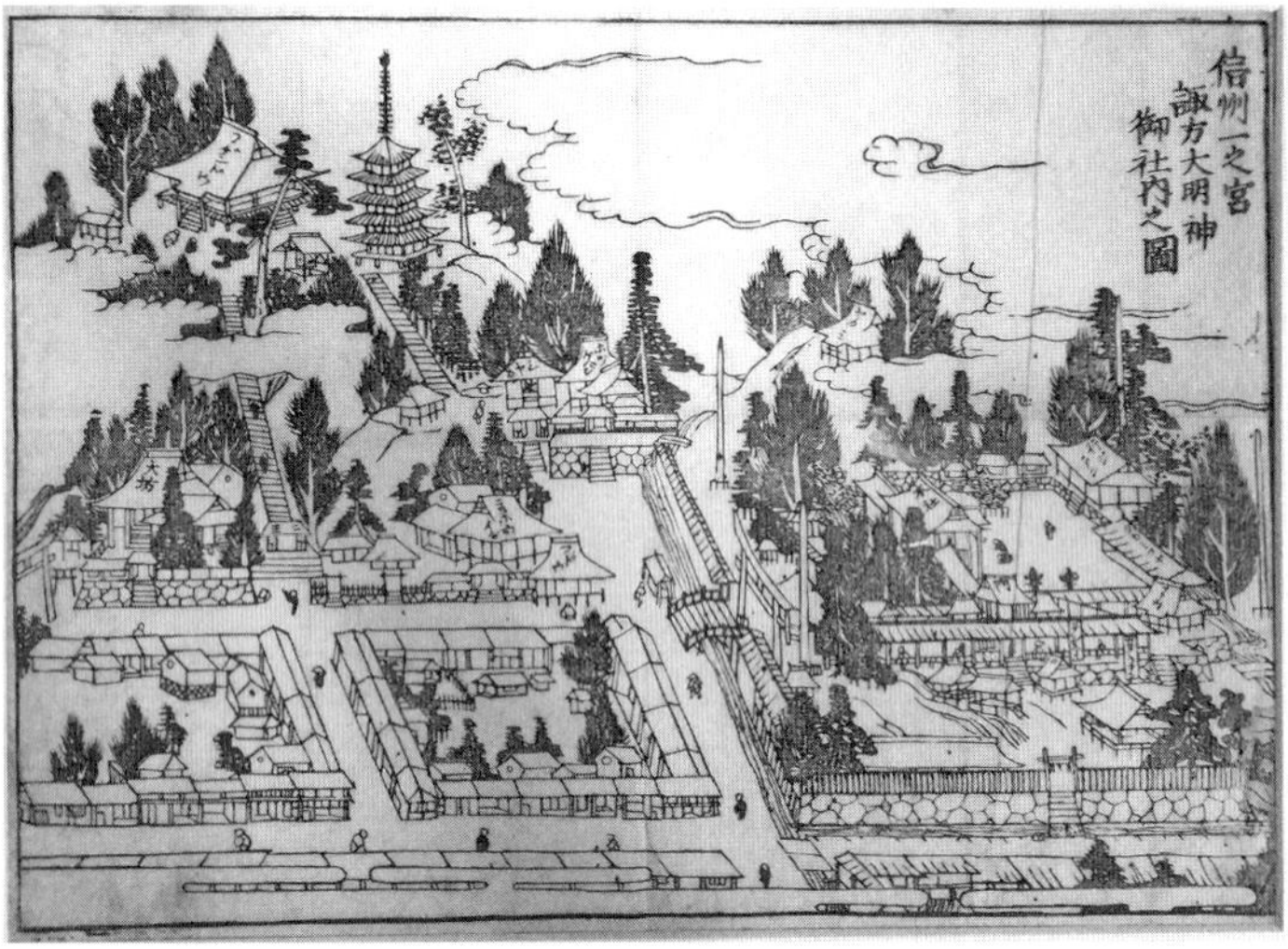

江戸時代末期に描かれた「信州一之宮諏方大明神御社内之図」（長野県立歴史館蔵）

雲から諏訪に移る」と書かれています。平安時代になると、『延喜式』に「諏方郡二座　南方刀美神社二座　名神大」と出てきます。延喜元（９０１）年に成立した『日本三代実録』には社格の記述があり、承和９（８４２）年は、タケミナカタとヤサカトメはともに従五位で、寛平５（８９３）年にはそれぞれ正一位・従一位まで上昇しています。社格や名を高めた諏訪神社は信濃国一の宮となり、信濃国第一の神社として認められることになりました。

平安時代後期の歌謡集『梁塵《りょうじん》秘抄《ひしょう》』には「関より東の軍神　鹿島・香取・諏訪の宮」という歌が掲載されました。このころには東国の軍神として、中央に名が通っていたということになります。

諏訪神社は、長野県のみならず日本各地に数多くあります。その数は1万社ともいわれます。諏訪大社が作成している『諏訪神社連合会名簿』によると、全国で約6500社、長野県では1043社を数えます。しかし、未加入の神社もあり、小社となるといくつあるかわからないとか。全国に数多くある諏訪神社は、どのように広まったのでしょう。

世間の信仰を集めたわけ

鎌倉時代、源頼朝が幕府を開き、武士が政界で力を持つようになると、軍の神、狩猟の神としての諏訪信仰はさらに広まります。

鎌倉時代の歴史書『吾妻鑑《あづまかがみ》』には、源頼朝は文治元（1185）年に諏訪社上下社に神馬を献上、その子頼家が正治元（1199）年に神馬と剣を献上した記録があります。幕府の執権で信濃国守護でもあった北条氏が実権をにぎってからも、諏訪信仰は幕府から特別な待遇を受けました。そのひとつが鷹狩りです。

幕府は殺生禁断のため、建暦2（1212）年から全国の守護・地頭の鷹狩りを禁止します。しかし、諏訪大明神の御贄狩《みにえがり》（鷹狩り）だけは例外としました。これにより、諸国

天和２（1682）年の「下諏方社図（部分）」（長野県立歴史館蔵）

の御家人らは諏訪神社を勧請《かんじょう》して鷹狩りを続け、鷹匠《たかじょう》も諏訪大明神を信仰するようになります。

また、幕府は御家人に、鎌倉番役免除や罪科免除、新任国司による初任権注（検地）免除などの特権を与え、諏訪神社祭礼の頭役《とうやく》を務めさせました。この祭礼は、5月の五月会《さつきのえ》、6月の御作田《みさくだ》、7月の御《み》射山《さやま》、9月の秋庵《あきいほ》と続き、その中で諏訪大明神に捧げる御狩《みかり》が行われました。流《や》鏑馬《ぶさめ》、草鹿《くさじし》などの武芸や競技も行われ、信濃国だけでなく関東からも多くの武士や民衆が諏訪に集まりました。御恩と奉公で成り立つ鎌倉幕府ですので、御家人にとっては重要な奉公となったのです。

武将らによる諏訪信仰は、その後の世にも続きます。

室町幕府の足利将軍家において、2代義詮《よしあきら》は諏訪社下社大祝《おおほうり》に「天下静謐《せいひつ》」を祈祷させ、

3代義満は諏訪社上社に同社神領を安堵、8代義政は神剣を納め、子息の息災延命を祈願させました。

また、関東管領《かんれい》足利氏満の病気平癒祈願をその子満兼らが行いました。越後《えちご》守護代の長尾為景は神鷹・神馬を奉納し、武田信玄は大将旗「南無《なむ》諏方《すわ》南宮《なんぐう》法性《ほっしょう》 上下大明神」を掲げ、諏訪社に戦勝祈願・寄進をしました。徳川将軍家においては、家康・家光による寄進もありました。天皇家でも後柏原天皇と後奈良天皇は太刀を寄進・奉納しています。

一方、江戸時代になると、庶民にも諏訪信仰が広まります。

御師《おし》が、信者の住む地である旦那場《だんなば》回りを行い、組織の強化や布教をしました。御師は、信者である氏子のために祈祷する神職を指すほか、御札や暦を配ったり参詣人の案内や宿泊を世話したりする人のことです。

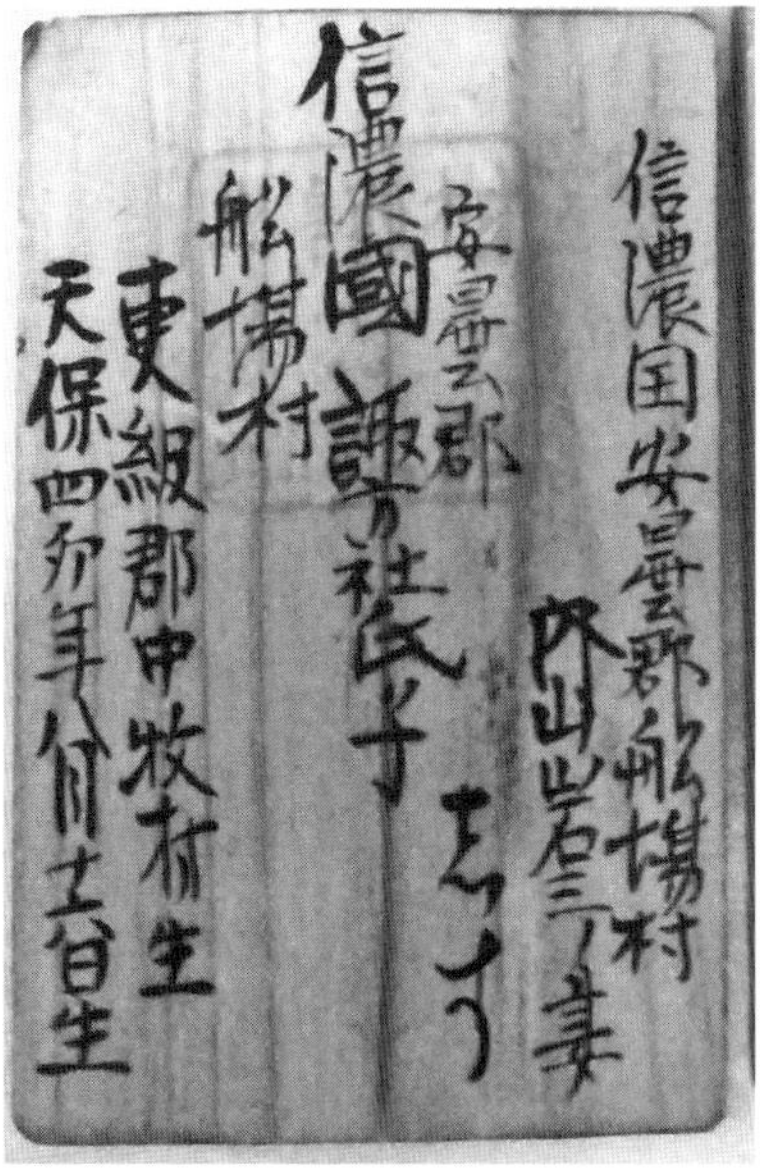

明治6年の諏方社氏子木札（長野県立歴史館蔵）

諏訪神社の御師は、御札「鹿食《かじき》免《めん》」や「鹿食箸」を配って寄付金集めをしました。鹿食免は、仏教で禁止されている肉食が許される札で、鹿食箸を使えば肉を食べてもよいというものです。勧請された神社には、神威を表し、悪魔を払い、功徳を願う神器・神宝として、「薙鎌《なぎがま》」を配ることもありました。

勧請された神社に配られた薙鎌
（千曲市の粟狭神社蔵）

諏訪本社では、御柱祭や社殿の修理・再建にあたって、信濃国一円と甲斐《かい》国一部における幕府領の役所や藩に、寄付の依頼をしていました。依頼を受けた役所や藩では、領内の町村に回状を送り、寄付の取次をしたのです。

諏訪の高島藩では、諏訪郡中の町村に御柱祭への奉仕をさせました。御柱を曳行《えいこう》する街道沿いには藩主や家老が見物する桟敷《さじき》を設置。騎馬行列があり、「人を見たくば諏訪の御柱に行け」といわれるほど多くの見物客でにぎわったと記録されています。各地で、氏子である庶民の力によって祭が運営され、諏訪信仰が引き継がれてきたのです。

移住が広めた諏訪信仰

諏訪信仰が全国に広がるきっかけとなったのが承久の乱です。

承久3（1221）年、後鳥羽上皇は鎌倉幕府を倒そうと挙兵しました。上皇に味方したのは主に西国に所領を持つ公家や武家です。上皇側が敗れたため、幕府はそれらの所領を没収し、戦功があった御家人に大量に与えました。これによって、給付された多くの東国の御家人が地頭（新補地頭）として西国に移住します。移住先にそれまでの信仰を持ち込むのは当たり前のことで、それによって信仰が新しい土地に広まっていきました。

例えば、相模《さがみ》国（神奈川県）の毛利氏や土肥氏、駿河《するが》国（静岡県）の吉川氏、武蔵《むさし》国（埼玉県など）の熊谷氏は安芸《あき》国（広島県）へ移住しました。鎌倉幕府の下、東国に広まっていた諏訪神社が、西国の移住先に勧請されたと考えられます。

鎌倉時代以来の南九州の武家である島津氏は承久3年、信濃国太田荘（長野市豊野町周辺）の地頭職に補任され、信濃とのつながりができました。そして、南朝正平11（1356）年、島津貞久は諏訪社を薩摩《さつま》山門院へ勧請、さらにその子氏久は同社を鹿児島に移し、社領を寄進しました。こうして諏訪信仰は鹿児島に広まります。

天下統一後、天下人となった豊臣秀吉と徳川家康は、大名の配置換えを行います。命令が下った大名は、多くの家臣を伴って新たな地に移り、城下町を建設していきました。このうち、高遠藩の保科正之は諏訪から会津（福島県）へ移封《いほう》となり、会津で諏訪信仰がさらに広まります。

『諏訪大明神画詞《えことば》』は縁起5巻、祭7巻からなる絵巻物です。諏訪信仰の聖典ともいえる内容で、文字は一流の書家、絵は大和絵の巨匠が描きました。後光厳《ごこうごん》上皇が外題を書き、足利尊氏の署名が添えられています。これを作ったのが諏方《すわ》円忠（1295～1364）で、延文元（1356）年に完成しました。なぜ、一族の円忠はこれを作ったのでしょうか。

鎌倉時代、諏訪神社大祝家の諏方盛重は、鎌倉の北条氏に仕える御内人《みうちびと》として活躍し、権勢を握りました。このころ、上社系の姓として「神《じん》」（みわなどとも読む）姓が作り出され、多くの信濃武士が諏訪社の氏子を強調して「神」姓を名乗りました。

しかしその後、北条氏が滅ぶと、諏方（神）氏も衰亡の危機を迎えました。円忠は京都に移住し、将軍の秘書官で室町幕府の事務官僚である奉行人《ぶぎょうにん》になりました。円忠は一族のため、さらには諏訪信仰拡大のため、権力者や著名人を巻き込んでこの画詞を作ったのです。見事なつくりで、評判の名書となりました。

円忠の子孫である忠政も奉行人となり、後花園《ごはなぞの》天皇に画詞を見せています。その子で、京都諏訪社神官の貞通も後土御門《ごつちみかど》天皇に画詞を見せたり、祭礼を毎年行ったり、将軍と結びついたりしました。8代将軍足利義政の願文《がんもん》を京都・信濃の両諏訪社に奉納したのも貞通です。

在京の諏方氏は、毎年の諏訪湖の御神渡について、信州諏訪からの報告を受理し、その年の吉凶占いとして幕府に奏上していました。このように、信濃から京都に移住した京都諏方一族も、諏訪信仰を都に積極的に宣伝し、広めたのです。

明治後期から昭和初期、朝鮮や満州（中国東北区）への日本の進出により、多くの国民が移住しました。さらに戦後にかけて南米移民もありました。これらによって諏訪社が勧請され、諏訪信仰は世界にも広まっていったのです。

（畔上不二男）

「徳川十五代記略　十代将軍家治公鷹狩之図」（東京都立中央図書館特別文庫室蔵）

信州が起源？

鷹狩

三重県で平成29（2017）年、「タカを飼育管理し、調教する技能を持つ人物を家臣として召し抱え厚遇した」という織田信長の文書が発見され、話題になりました。沢源三郎というこの人物は父から放鷹《ほうよう》技術を伝承し、天正2（1574）年に近江国《おうみ》（滋賀県）の所領を安《あん》堵《ど》されています。

源三郎のような技術者を「鷹匠《たかじょう》」といいます。信長をはじめ、戦国時代の大名は鷹狩を好み、鷹匠を大切にしていました。鷹匠は、訓練された鷹（オオタカ・クマタカ・イヌワシなど）を飛ばして鳥類やウサギやキツネなどの哺乳類を捕らえさせ、餌《えさ》と差し替えます。この技能は本来、一子相伝《いっしそうでん》により伝えられたものです。このように特定の家が家族や弟子に相伝し継承させていく学問を「故《こ》実《じつ》」と呼びます。

故実書である「鷹書《たかしょ》」には、鷹狩の起源はインドから中国、朝鮮半島を経て日本へ伝えられたとあります。日本ではとくに律令時代より、宮廷貴族によって嗜《たしな》まれる王朝文化のなかで発展していきました。放鷹は、鎌倉時代になると貴族の持明院《じみょういん》家や西園寺《さいおんじ》家などが独自の故実を成立させ「鷹家《たかのいえ》」として知られるようになりました。

一方、武士もまた「兵《つわもの》の道」としての狩猟を大切にしていたことから、鷹狩も広く浸透していきました。武士階層が仏教を受容するようになると殺生禁断の教えが広がり、鎌倉幕府は建暦2(1212)年、諸国の守護・地頭に命じて鷹狩を禁止しました。唯一の例外が諏訪社の御贄《みにえ》として奉納するための鷹狩です。諏訪社には狩猟の神が祀られるとされ、「食べられることで畜類も成仏できる」という独特な信仰がありました。武士の多くは諏訪信仰をよりどころとして鷹狩を継続できたのでした。

信濃国ではこの諏訪信仰に近づくため、本来は血縁関係がないにもかかわらず、諏訪社の氏子として諏訪一族を名乗るものが増えました。彼らは新しい姓として「神《じん（みわ）》」氏を名乗りました。この一族に祢津《ねつ》氏がいます。諏訪社初代の大祝《おおほうり》(生き神)以下の系譜を記す「神氏系図」には、「東国無双《とうごくむそう》の鷹匠」である「祢津神平《しんぺい》貞直」の名前が見えます。「この道(放鷹術)の一派を形成し子孫に相伝した」とあるこの祢津貞直こそ、数々の「鷹書」に鷹狩の名人として記される人物です。鎌倉期の故実の家と称された西園寺家の鷹書にも、祢津氏の影響が見て取れます。

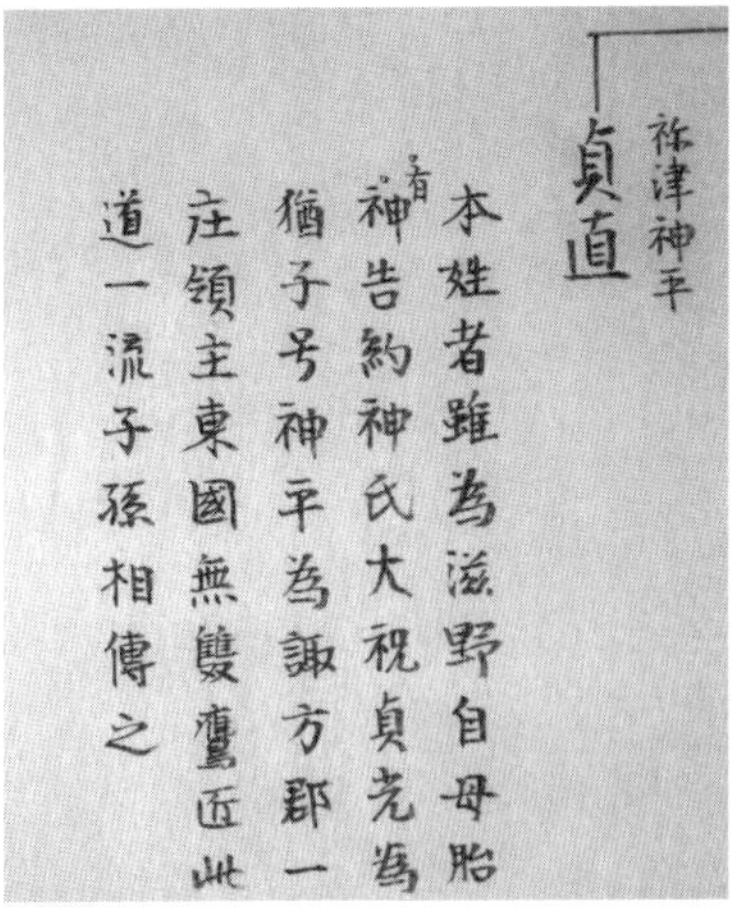
祢津神平
貞直
本姓者雖為滋野自母胎
神告約神氏大祝貞光為
猶子号神平為諏方郡一
庄領主東國無雙鷹匠此
道一流子孫相傳之

「神氏系図」のうち祢津神平の記述(長野県立歴史館蔵)

室町時代になると、信濃国から京都へ出て幕府の奉行人《ぶぎょうにん》として諏方(諏訪)一族(京都諏方氏)が活躍します。そのひとり、諏方円忠《えんちゅう》が制作した『諏訪大明神《すわだいみょうじん》画詞《えことば》』は、「祢津貞直が諏訪流放鷹術の始祖」とはっきり書いています。また同じく奉行人となった諏方忠郷《たださと》は将軍足利義政に技を指南しており、その子貞通《さだみち》も『鷹書聞書少々』という故実書を編纂しています。貞通は将軍家や幕府の要人たち、貴族たちを通じて諏訪信仰を拡大させていることが知られますが、諏訪流放鷹術も京都諏方氏によって広められたのでした。

＊＊＊

鷹狩がもっとも盛んに行われたのは戦国時代以降です。品質の良い鷹は重宝され、和睦《わぼく》の際の進物として贈られることもありました。「鷹の贈答」は身分関係を構築する上で重要な位置を占めたといえます。なかでも徳川家康は鷹狩をことのほか好んだことが、さまざまな史料からうかがえます。

たとえば、信濃守護だった小笠原長時を父に持つ小笠原貞慶《さだよし》が、徳川家康から受け取った文書に次のように記されています。

初鷹ならびに鮭を送り給わり候、今時分かくのごとくの芳意殊に賞翫《しょうがん》せしめ候、

この文書は天正10(1582)年8月のものと推定され、貞慶が初鷹(羽毛のそろった秋口の若い鷹で、初めて狩りをする鷹)と秋鮭を家康に贈り、家康はこの時期に丁寧なお気持ちをありがたく楽しませていただいたと喜んでいることがうかがえます。貞慶は家康の孫娘を長男秀政の妻として迎えており、信濃国深志を追われていた貞慶がこの年、30年ぶりに家康の尽力で信濃に復帰できた年でした。きっと貞慶はそのお礼として初鷹等を贈ったのでしょう。

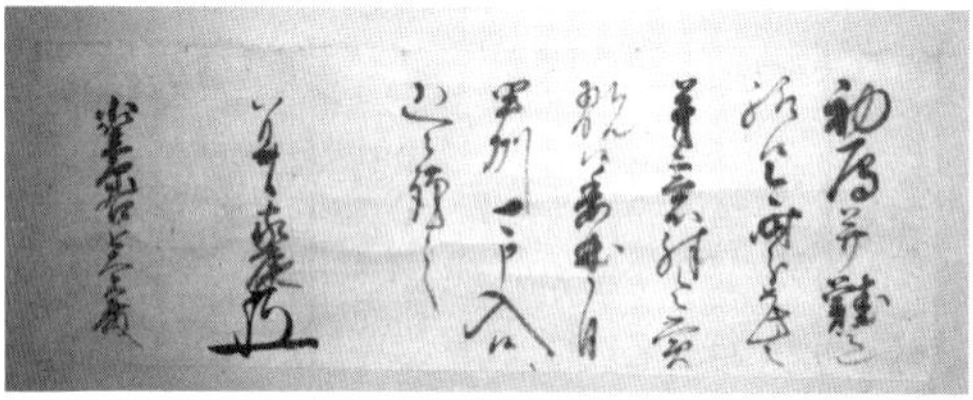
徳川家康から小笠原貞慶への礼状(長野県立歴史館蔵)

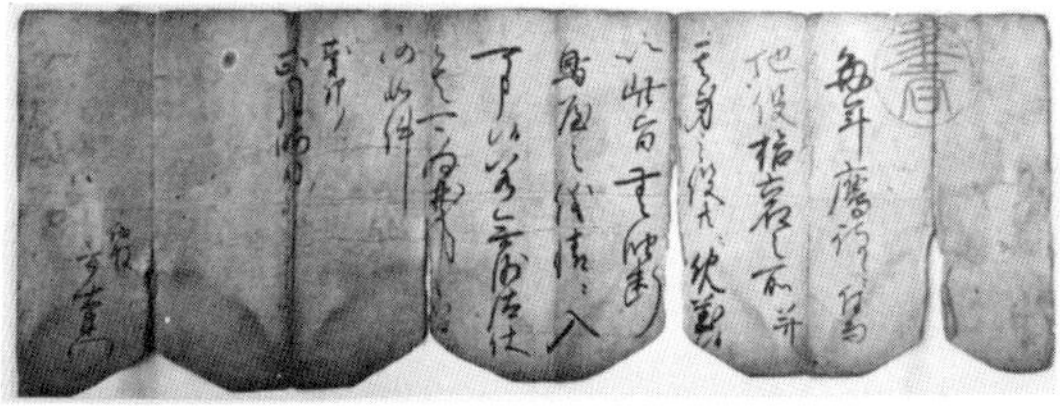

小笠原秀政から鷹侍への朱印状（『信濃史料』より転載）

身分関係を構築するうえで鷹の献上が大切であったとすると、大名は領内の鷹巣から鷹を捕獲しないといけません。信濃国は古くから鷹の産地だったので、小笠原氏も領内の鷹匠を大切にしていました。秀政は慶長20（1615）年には梓川（松本市）の鷹侍（鷹の捕獲を生業とする職人）に対し、年貢を免除する旨の朱印状を出しています。

『文政武鑑《ぶんせいぶかん》』は19世紀初頭の大名の一覧表で、現在の紳士録のようなものです。そこには「時献上《ときけんじょう》」という項目があり、四季折々に将軍家に献上する物産を挙げています。これによれば、献上物は大名の家格であらかじめ決まっていたことがわかります。鷹を贈ることができる大名と時期・種類は以下の通りです。

盛岡藩　南部大膳大夫嫡（寒中　若黄鷹）
　※黄鷹　当年生まれの鷹
高島藩　諏方伊勢守（5・6月中　巣鷹）
　※巣鷹　巣にいる鷹のひな＝飼育
松本藩　戸田丹波守（6月　巣鷹、10月　網懸鷹）
　※網掛鷹　野生の鷹
米沢藩　上杉弾正大弼（10月　黄鷹）
新庄藩　戸沢大和守嫡（10月　黄鷹）
仙台藩　伊達陸奥守（10月　黄鷹）
弘前藩　津軽大隅守（10・11月　黄鷹）
久保田藩　佐竹壱岐守嫡（11月　若黄鷹）

この一覧から鷹の産地は東北地方および信濃国であったことがうかがえます。諏方氏は諏訪流放鷹発祥地の大名です。また松本藩も鷹を供給できる場として知られており、藩主戸田家家臣には外山氏という鷹匠がいたことも知られます。なお、小笠原秀政の子孫はこの時期、九州へ移封されており、信濃から離れています。したがって鷹を献上する大名リストに含まれていません。

（村石　正行）

城跡が語る信濃の境目

上杉の前線基地はどこか

川中島合戦のころに上杉氏・武田氏が残した文献には、いくつか「野尻の城」が登場します。

武田信玄（晴信）は永禄4（1561）年、京都の清水寺成就院宛の願文《がんもん》に、「于今、市川・野尻両城残党楯籠様ニ候（いまだに市川・野尻の両城に残党が楯籠《たてこも》っているようだ）」と記しています。上杉勢力を信濃から一掃しようとしていた信玄の眼には、下水内郡栄村の市川と上水内郡信濃町の野尻が、敵側の残党が籠る拠点と映っていたわけです。しかし、野尻地区には複数の城館跡《じょうかんせき》（城や館の遺跡）があり、信玄が記した「野尻の城」がどれを指すかは慎重に決めなければなりません。

永禄10（1567）年に、「野尻の城」をめぐる衝突が起きました。武田側では4月下旬、武田信玄と家臣の山縣昌景《やまがたまさかげ》が相次いで、東北地方の戦国大名であった蘆名《あしな》家家臣の鵜浦《うのうら》左衛門入道に手紙を送りました。いずれの手紙にも異口同音に「野尻落居（野尻を落城させた）」と記されています。

一方、上杉謙信（当時は輝虎）は家臣である色部《いろべ》修理進《しゅりのしん》宛の5月7日付の手紙で、「野尻島敵乗取候処、不移時日取返候（野尻島を敵に奪われたが、短期間で取り返した）」と記しています。前日の別の手紙には、「仍信州境目候号野尻地利、武田晴信望討取候処、不移時日、去十八日、取返候（信濃と越後《えちご》（新潟県）の境目にある野尻という城が、武田信玄に奪われたが、すぐに4月18日に取り返した）」と書いています。

これらを総合すると、永禄10年に武田氏と上杉氏が争奪戦を繰り広げた「野尻の城」は「島」だったことがわかります。4月前半ころ武田側が奪い取ったものの、4月18日には上杉側が奪還したようです。

この島はおそらく、野尻湖北西部にある琵琶島（弁天島）で、ここには人工的な堀、土《ど》塁《るい》（土を固めた壁）、平場《ひらば》（利用するために平らにした場所）が残っています（琵琶島城跡）。ただし、14世紀半ばには、この島に祭られていた弁才天に大般若経600巻が施入されています（現存する経の奥書による）ので、もともとかなり立派な弁才天の堂社が置かれていた島が、戦国時代に城として利用されたとみるべきでしょう。

弁才天は水を司る神です。野尻湖の水は、赤川から直接、越後に流れ下りますので、野尻湖にごく近い場所を除けば、この島の弁才天を水神として信仰したのは越後の人々だと考えるのが自然です。そのため、「野尻の城」の争奪戦は、そのまま越後の頸城《くびき》平野を潤す水源と、それを司る神の争奪戦でもありました。

このような聖地（霊場）の争奪は、善光寺の例がよく知られています。善光寺の西にそびえ、近世初期には善光寺の持ち山であったことがわかる旭山の「要害」（旭山城跡）も、川中島合戦のころ、上杉氏と武田氏に争奪されています。中世の人々にとって、神仏のような無形の価値や権威も、重要な〝守るべきもの〟だったのです。

野尻湖に浮かぶ琵琶島

城の遺構が持つ手がかり

琵琶島は上杉方が取り返しましたが、北信濃全体では長沼城（長野市）を拠点とする武田側の圧力が高まっていました。

そのため、「信州口」の防備を固める必要に迫られた上杉謙信は、永禄12（1569）年8月、「飯山・市川・野尻新地」を油断なく守るよう、家臣の直江大和守《やまとのかみ》に手紙を送っています。「新地」は上杉家中《かちゅう》で「新しい城」を指す言葉なので、「野尻島」を奪還した永禄10年4月から同12年8月までの間に、琵琶島とは別の「野尻の新地」が、上杉側の境目の拠点として取り立てられたことがわかります。

現在、野尻湖の北西岸には、「野尻城」と呼ばれる城館跡があります。野尻城の遺跡の一番重要な空間は一辺が約30ｍの方形で、周囲が土塁で囲まれています。そのうち二辺（東側と西側）を「堀切」と呼ばれる施設で断ち切り、残る二辺の堀切の間に土塁を巡らせた「段切り」を施した構造は、旭山城跡とよく似ています。旭山の「要害」も弘治3（1557）年に上杉方に「再興」されているので、もしかするとこれが川中島合戦のころに上杉方が築いた拠点の特徴のひとつなのかもしれませんが、現在、地表から観察できる城館跡は、

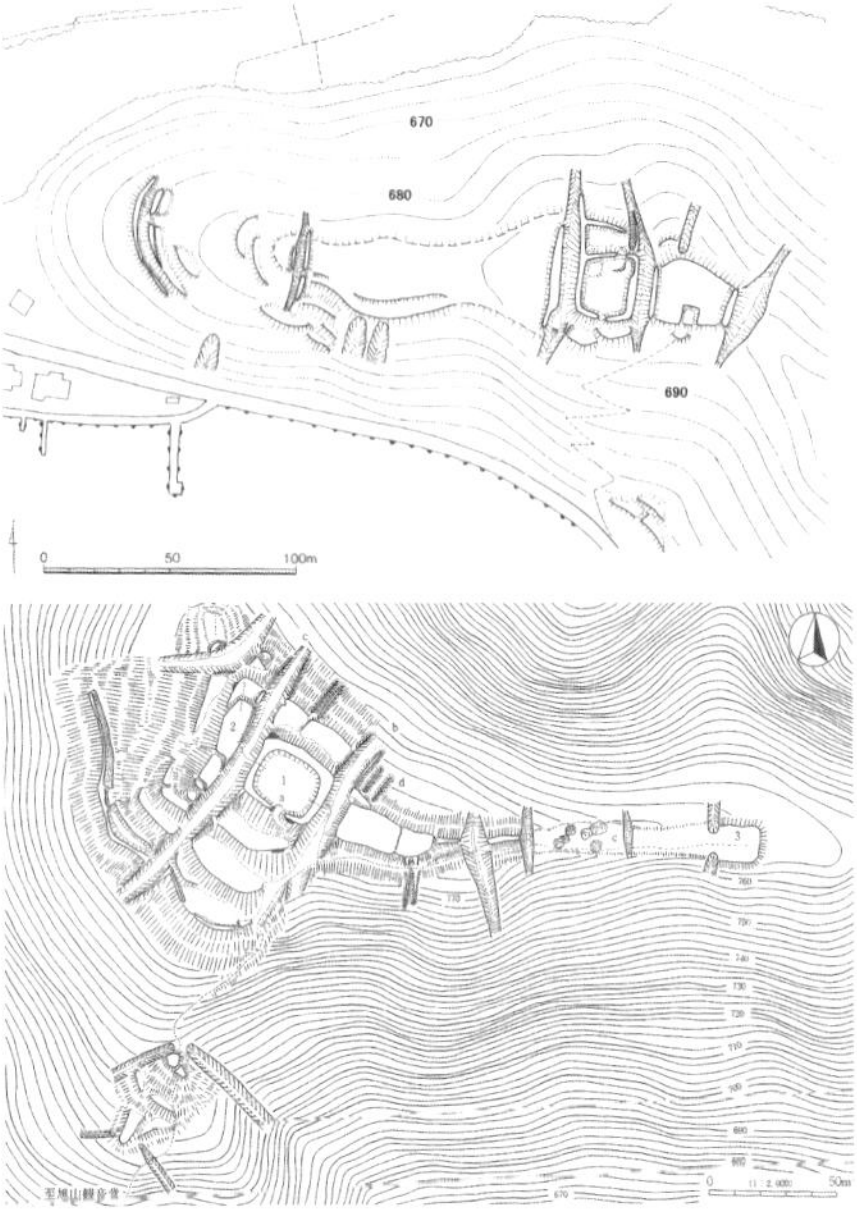

野尻城跡遺構概要図（上、遠藤公洋作図）と旭山城跡遺構概要図（河西克造氏作図）

その城が役割を終えた時の姿だということを忘れてはいけません。

野尻城は、天正10（1582）年に北国街道沿いの「野尻新町」ができるまでは機能したようです。しかし、旭山の城は武田側が奪還したものを、永禄7（1564）年に上杉側が再び狙っていたことまではわかりますが、いつ廃城になったかはわかっていません。城が機能した期間が長い場合、後からさまざまな改修が重ねられた可能性がありますし、廃絶の時期が大きく異なる場合は、たとえ形が似ていても由来が異なる可能性があるので、「形の類似」だけで考えられることは限られます。

そこで、形以外の手がかりをしっかり研究し、城館跡を歴史の資料として役立つものにすることが大切です。また、形の手がかりも、似たものがどこにどれだけあるかを詳しく調べて分布を検討できるようにすれば、さらに重要な手がかりになります。

城の多様な目的を読み解く

野尻城が役割を終えたとみられる天正10（1582）年は、戦国時代の終わりで、信濃に激動が訪れた年でした。2月に木曽から侵入した織田勢が、あっという間に信濃のほとんどを手中に収め、3月には甲斐《かい》の武田家を滅ぼしてしまったからです。

織田勢は、謙信の後継者であった上杉景勝がいる春日山城（新潟県上越市）に、西の越《えっ》中《ちゅう》（富山県）と南の信濃の二方向から攻め寄せようとしていました。戦場となった信濃だけでなく、上杉家にとっても重大な危機が訪れたのです。

このとき、多くの地侍《じざむらい》たちが織田側に従うなかで、飯綱町（上水内郡）を本拠にした芋川氏は、近隣の地侍たちを束ねて上杉側につきました。これは、上杉氏の最前線で盾の役割を果たす危険な選択でした。

3月5日、越後から上杉家臣らの第一陣が牟礼まで駆けつけ、芋川氏らと上杉家臣らの連合軍と織田勢とが、長野市北部から飯綱町の範囲でぶつかり合うことになりました。4月2日、上杉勢が長沼城を奪いましたが、ただちに織田勢に奪還され、さらに「信長公記」

によれば、4月7日には「大蔵の古城（長野市豊野町大倉）」を拠点とした芋川氏らが「女童千余切捨、以上頸数二千四百五十余有」と記される大敗を喫しました。上杉勢は長野市の平地部を完全に失い、織田勢の攻勢を飯綱町付近で受け止めなければならなくなったのです。

上杉家側の資料にも、4月18日付で景勝が牟礼に派遣した家臣らに「新地（新しい城）」の普請（土木工事）を督促する手紙が残っています。上杉勢はかなりの大敗により、大急ぎで越後防衛のための拠点を築く必要に迫られたのでしょう。

この「新地」にあたるのは、飯綱町の芋川地区に残る若宮城跡と見られます。山全体を高い壁と土塁で造った防御施設で囲む、大規模で特異な構造の割に、内部の平場がきちんと水平に整地されていないことが主な理由です。限られた人手と時間を、防御に必要不可欠な外郭《がいかく》の普請に集中させた様子がうかがわれます。残念ながら、景勝の手紙には「新地」としか書いてありませんので、この遺跡だけを見て、この「新地」が若宮城跡だと断定するのは早計です。しかし飯綱町内には、この直後に上杉勢が宿営《しゅくえい》（キャンプ）地として使ったことを古文書に記した城館跡が残っています。

上杉勢がまだ飯綱町の牟礼・芋川地区付近で織田勢を食い止めていた6月2日、京都で本能寺の変が起こりました。信長を失った織田勢は一斉に撤退し、信濃は徳川、北条、上杉といった大大名に奪い合われることになります。この時、信濃に出馬する景勝の陣所として使用されたのが飯綱町の髻山《もとどりやま》城跡でした。

この城跡の山腹斜面には、高い壁と土塁からなる防御施設に囲まれた広い空間がありますが、全体としてひとつにまとまった構造とは言えません。また、囲みのなかも大まかに段をつくって平らな空間を確保しただけで、水平にはしていない簡略な普請が特色です。

こうした特徴は若宮城跡とよく似ていますが、髻山城跡は、はっきりと複数のブロックに分かれているのがわかります。これは、大軍に囲まれる戦では弱点になりますが、短期間の宿営地であったとみれば不自然で

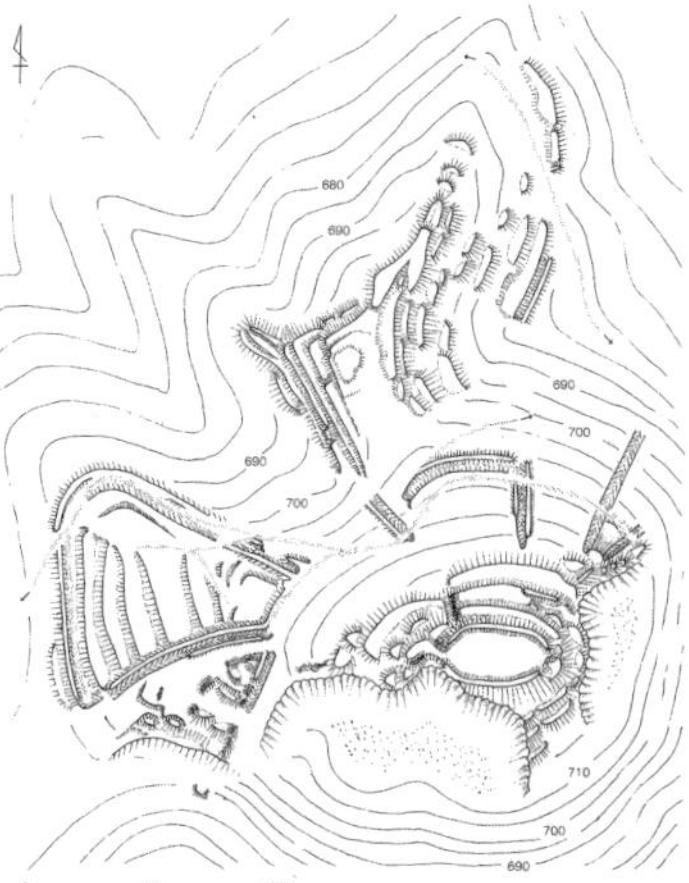

髻山城跡（左）と若宮城跡の遺構概要図（ともに遠藤公洋作図）

若宮城跡を取り囲む高い壁（右）と土塁（左端）

髻山城跡の西端にある高い壁（右）と土塁（左側）

はありません。

景勝が率いる上杉勢は、それぞれが兵を引き連れた多くの家臣の集合です。このとき景勝と一緒に進軍した家臣が誰かはわかりませんが、家ごとの部隊が各ブロックに分かれて宿営した様子が遺跡に現れていると考えることができそうです。もしかしたら、信濃の地侍も混じっていたかもしれません。

では、陣を準備した側はどうでしょうか。景勝の重臣である直江兼続《かねつぐ》が準備を命じたのは、信濃の侍であった駒沢主税助《ちかのすけ》です。現地にはすでに織田勢と戦っていた越後の侍たちもいますから、準備も信濃と越後の侍たちが共同で行ったことでしょう。髻山の城は、武田勢によって用いられていたことが永禄7（1564）年の上杉側の古文書に記されていますから、やはり何度も普請を重ねられた城であるのは間違いありません。

しかし、他の城館跡との類似性や、この時が飯綱町が軍事的な境界線になった最後の機会とみられることから、現存の遺構は天正10年に景勝の陣として整備されたものと考えてよさそうです。

この直後、最前線で織田勢と戦って手柄を立てた芋川氏は、景勝によって牧之島城（長野市信州新町）の責任者に任命されます。牧之島城は江戸時代初めまで機能した城で、山間の道と犀川が交わる場所の重要な拠点でした。上杉氏の最前線は、天正10年7月ころには現在の長野市、千曲市、坂城町を抱え込む位置まで進んでいます。芋川氏は西端の前進基地を任されたのです。

山にある戦国時代の城は一般的に「山城《やまじろ》」と呼ばれます。しかし、これは戦国時代の言葉ではなく、江戸時代に入って軍学《ぐんがく》で用いられ、広がったものと考えられています。戦がなくなった時代に、戦に備える学問の中で生み出された言葉であり、考え方なのです。

戦国時代の城のあり方を正しく理解するには、後世につくられたイメージに振り回されることなく、遺跡の形や地中の様子、古文書に記された〝扱われ方〟などを丁寧に読み解くことが大切です。

城には多様な目的や役割があり、それを大切に保存し、多角的に研究することによって、地域の歴史を読み解く大切な資料にできるのです。

（遠藤　公洋）

伊那谷が慈しんだ人形芝居

信州に残る人形文化

昭和42〜43（１９６７〜６８）年、近世芸能史の研究者であった角田一郎が中心となって、歌舞伎や人形浄瑠璃を上演するために造られた全国の農村舞台を調査しました。１７７１棟の農村舞台のうち、当時現存した舞台は１３３５棟、廃絶されていたのは４３６棟でした。

長野県に残っていた舞台は２０４棟。全国には１００棟を超えた県が7県あり、そのうち徳島県２３９棟、兵庫県２３４棟に次いで3番目の多さでした。角田らが後年まとめた『農村舞台探訪』から県内に残る農村舞台の所在地域を拾い出し、郡ごとにまとめてみると、飯田市を含む下伊那郡域で66棟、次が伊那市・駒ヶ根市を含む上伊那郡域の60棟、上田市を含む小県郡域が41棟、大町市を含む北安曇郡域が28棟と続き、伊那谷に多くあったこと

都道府県	現存数	廃絶数	計
北海道	0	1	1
青森県	0	2	2
岩手県	0	2	2
宮城県	0	0	0
秋田県	0	0	0
山形県	2	3	5
福島県	9	16	25
茨城県	0	0	0
栃木県	0	0	0
群馬県	73	28	101
埼玉県	2	0	2
千葉県	4	0	4
東京都	21	0	21
神奈川県	88	4	92
新潟県	1	6	7
富山県	0	1	1
石川県	0	0	0
福井県	0	0	0
山梨県	12	1	13
長野県	**187**	**17**	**204**
岐阜県	96	88	184
静岡県	41	0	41
愛知県	135	48	183
三重県	24	4	28
滋賀県	0	2	2
京都府	9	16	25
大阪府	0	0	0
兵庫県	137	97	234
奈良県	0	0	0
和歌山県	7	0	7
鳥取県	5	2	7
島根県	0	0	0
岡山県	84	16	100
広島県	0	0	0
山口県	12	1	13
徳島県	208	31	239
香川県	21	11	32
愛媛県	0	0	0
高知県	37	24	61
福岡県	9	5	14
佐賀県	52	0	52
長崎県	0	0	0
熊本県	25	5	30
大分県	34	4	38
宮崎県	0	1	1
鹿児島県	0	0	0
沖縄県	0	0	0
合計	1,335	436	1,771

全国の常設農村舞台数（『農村舞台の総合研究―歌舞伎・人形芝居を中心に』『飯田・下伊那叢書3　建造物編２　農村舞台』より作成）

がわかります。『農村舞台探訪』では長野県内の合計が200棟ということで、当初の総合調査と多少数値が違いますが、おおよその傾向はつかめるかと思います。

多くの舞台は歌舞伎などの上演に使われ、一部は人形浄瑠璃にも使われました。人形浄瑠璃の専用舞台は、上伊那郡箕輪町の古田神社、下伊那郡阿南町の早稲田神社、飯田市上郷黒田の諏訪神社、南佐久郡小海町親沢の諏訪神社の舞台が挙げられます。

長野県内において、人形座や人形浄瑠璃を行っていた舞台の所在地は、39カ所が確認されています。このうち、伊那谷には32カ所があり、現在も上演活動をしているのは上伊那郡箕輪町の古田人形、下伊那郡阿南町の早稲田人形、飯田市の黒田人形・今田人形の4座です。残っている人形浄瑠璃専用舞台と重なっているのがわかります。

下伊那の地域に焦点を当てて、人形浄瑠璃が伝えられた場所をみると、伊那谷の伊那街道と天竜川沿いに人形座が分布していたことがわかります。近世芸能が専門の景山正隆は、農村舞台の所

郡域名	数
下伊那郡域 （飯田市を含む）	66
上伊那郡域 （伊那市・駒ヶ根市を含む）	60
小県郡域 （上田市を含む）	41
北安曇郡域 （大町市を含む）	28
上水内郡	2
南佐久郡	2
塩尻市	1
計	200

長野県内の農村舞台所在地（『農村舞台探訪』より）

在地を分析して「平野部とくに主要な都市の周辺には少なく、街から離れている山間部や山麓地帯で、しかも街道や河川に沿っているところに多く分布しているのが普通」「（農村舞台の）密度の高い県を見ると、東海道、中仙道、山陽道といった主要街道に沿っており、舞台が多数あるところは、これらの主要街道から分岐した道筋に当たっている」と指摘しています。

つまり、関西で勃興した浄瑠璃文化は、東海方面から伊那街道などを経て伊那谷に入ってきたのです。

伊那谷に人形が入ってきたのはいつか

人形浄瑠璃は16世紀終わりごろ、語りの浄瑠璃と人形操りが結びついて生まれたといわれています。

その後、西宮神社（兵庫県）の傀儡師《くぐつし》と呼ばれた人形遣いが、淡路島に人形遣いの技を伝えたとされています。阿波《あわ》と淡路を支配した蜂須賀《はちすか》氏は、淡路の百姓に道薫坊《どうくんぼう》廻《まわし》百《ひゃく》姓《しょう》という人形廻しを生業とする身分を与え、全国で興行することを許しています。道薫坊とは、木彫りの人形を指す淡路特有の言葉です。

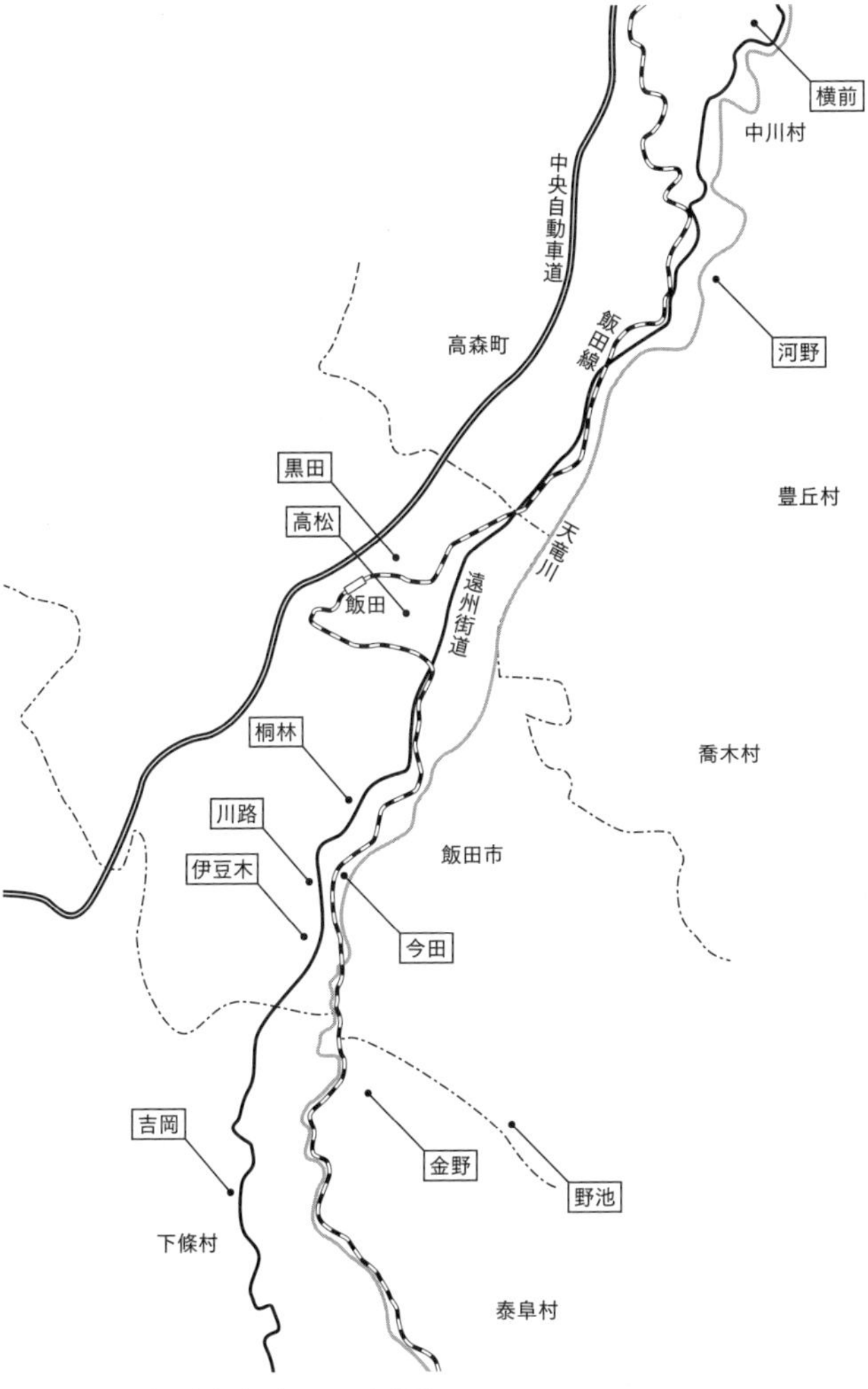

飯田下伊那地域の浄瑠璃が伝えられた場所

貞享元（1684）年、摂津《せっつ》国出身の竹本義太夫《たけもとぎだゆう》が大坂での人形浄瑠璃興行（竹本座）を始めます。元禄16（1703）年には義太夫の一番弟子、竹本采女《うねめ》が豊竹若太夫《わかたゆう》を名乗り、豊竹座を開始。芝居小屋が道頓堀の東西に位置したことから、正徳4（1714）年以降、竹本座を「西の芝居」、豊竹座を「東の芝居」として競い合うようになります。

延享3（1746）年以降には、三大時代物《じだいもの》である「菅原伝授手習鑑《すがわらでんじゅてならいかがみ》」「義経千本桜《よしつねせんぼんざくら》」「仮名手本忠臣蔵《かなでほんちゅうしんぐら》」が次々に上演され、浄瑠璃の全盛時代に突入します。

明和年間（1764~72）ごろから歌舞伎が人気となり、人形浄瑠璃の興行に衰えが見え始めると、明和2（1765）年に常設の劇場豊竹座が閉座し、2年後には竹本座が閉座して、歌舞伎主体の劇場となってしまいます。演じる場を失った人形遣いは地方巡業に出掛け、伊那谷にやって来たのはこのころです。

関西の人形浄瑠璃は、淡路島出身の植村文楽軒《うえむらぶんらくけん》が寛政年間（1789~1801）ごろに大坂に進出し、再興されていきます。

人形浄瑠璃定着に寄与した人々

人形浄瑠璃はどのようにして伊那谷に入ってきて、浸透していったのでしょうか。

下伊那郡天龍村坂部の熊谷家が400年にわたって書き継いできた『熊谷家伝記』のなかに、正保4（1647）年という江戸時代の早い段階で、「吉岡村（下伊那郡下條村）に名古屋の幅下団兵衛《はばしただんべえ》という人形浄瑠璃一座がきて興行を行い、大勢が誘い合って見に行った」という記述が見つかります。

また、箕輪町に残る『祭礼操之由来記《さいれいあやつりのゆらいき》』には、「上古田村（上伊那郡箕輪町）で寛保3（1743）年、村人4人がお金を出し合って、名古屋で人形道具一式を買い求めて来た。操《あやつ》り芝居を神社に奉納した」、さらに「淡路の人形遣い市村久蔵が安永年間（1772～81）、上古田村に住み着き」とあります。久蔵は人形の操りを教え、文化7（1810）年に亡くなりました。

大坂や淡路からは18世紀後半から19世紀にかけて、市村久蔵のほかにも人形を操る師匠が何人も伊那谷を訪れ、その技を伝えました。

天明年間（1781～89）には「淡路の人形遣い吉田重三郎が下黒田村（飯田市上郷）に居住し、人形芝居を教えた。文政4（1821）年に亡くなった。人形浄瑠璃興行を行うことができる免許状（「道薫坊伝記」）を持っていた」（『明神講誓約規則書』ほか）、さらに、文化5（1808）年には「淡路の人形遣い森川千賀蔵が「道薫坊伝記」を河野村《かわの》

吉田金吾が作った頭「検非違使」。内部に「明治五申三月　才工人大坂人形国三郎事操り吉田文吾改三代目金吾」と墨書銘がある（宮田村教育委員会蔵）

（下伊那郡豊丘村）の人らに譲り渡す」（『御綸旨譲り証文之事』）といった記述も残ります。

天保3（1832）年には大坂の人形遣い桐竹門三郎《きりたけもんざぶろう》が下黒田村へやって来ました（『明神講誓約規則書』ほか）。今も続く黒田人形は、桐竹門三郎や淡路の人形遣い吉田重三郎らを師匠に迎え、村人に深く浸透していきました。門三郎も下黒田村に定住してそのまま没していますし、諏訪神社の人形舞台は門三郎らの設計指導によるといわれてもいます。

幕末から明治の初めごろには、大坂から吉田金吾《きんご》なる人物が伊那谷にやって来ました。天保5（1834）年、代々竹本座（大坂）に属する人形遣いの家系に生まれた吉田金吾は、吉田国三郎《くにさぶろう》を名乗り、天保12（1841）年から文久2（1862）年まで大坂に拠点を置いて人形を操っていました。その後、金吾は家族とともに大坂を出て、上伊那郡宮田村大田切《おおたぎり》に住み着きました。

金吾は人形を操るだけではなく、頭《かしら》の制作もしていました。金吾が制作した頭は大田切だけでなく、黒田・今田（飯田市）、早稲田（下伊那郡阿南町）などにも残っています。

大田切に定住した金吾は、村人に人形浄瑠璃を教え人形芝居を盛んにしていきました。金吾に指導を受けた村人は、大田切人形連という芝居一座として、他村に招かれて興行に出かけるようになりました。また、金吾は黒田などへも人形浄瑠璃の指導に出かけました。

明治16（1883）年に金吾が亡くなった後も、大田切人形連は興行を続けましたが、大正末ごろ、興行が不振となり、人形と道具を7、8軒で保管するようになりました。昭和34（1959）年以降は保管も難しくなり、残された人形・道具類は保管してきた田中・飯島両家から宮田村へ寄贈されます。大田切に残る頭は38点で、吉田金吾が確実に作ったとされるのが8点です。

村に寄贈された頭の中に、徳島を代表する人形師天狗久《てんぐひさ》（1858〜1943）が制作した頭が5点含まれていました。天狗久は本名を吉岡久吉《ひさきち》といい、昭和18（1943）年に亡くなるまで、徳島市国府《こくふ》町和田の工房で人形の頭を作り続け、千点を超える頭を作ったといわれています。吉田金吾の後に天狗久が活躍した時期が来るので、大田切の一座が、徳島の人形師の人形を求めたものと思われます。天狗久が作った頭のなかは金吾の頭より

1～2㎝大きなものがあり、天狗久は暗い芝居小屋でも映えるように大きなものを作ったといわれています。

このように、大坂・淡路発祥の伝統文化を持った芸人を受け入れ、定着を促す人々が伊那谷を中心にいたおかげで、人形浄瑠璃の文化が残されたと考えています。

（小野　和英）

徳島市国府町の天狗久資料館。吉岡久吉の仕事部屋が残されている

松本城に博覧会がやって来る！

錦絵に描かれた「松本博覧会」

長野県立歴史館に「筑摩《ちくま》県博覧会」という錦絵（多色摺り木版画）が所蔵されています。作者は三代歌川広重、発行元は「（松本）博覧会社」。明治6（1873）年11月、破却を逃れた松本城の天守閣を会場に開かれた「松本博覧会」の様子が描かれています。「博覧会」と大書された旗が、錦絵特有の黒枠からはみ出して、天守の屋上にひるがえっているのが目を引きます。少し詳しく見てみましょう。

大手門跡の手前を流れる女鳥羽《めとば》川には輸送舟が行き来しています。「浅間温泉」「中町」「宮村町」などの地名や、「県庁（筑摩県庁）」「医黌《こう》兼病院」「開智学校」などの施設名が見えます。画面の余白には博覧会の沿革や趣旨が書き連ねられ、来年には常設の博覧会場とし、ゆくゆくは「世界万国に及ぼし盛大の博覧常備場」とする壮大な計画まで書き込まれています。

　また、松本城の大手門がなくなっているのが確認できます。実はこの時、松本城は既に取り壊しが決まっており、明治5年には天守が競売に出され、落札者まで決まっていました。これを憂えたのが下横田町の副戸長の市川量造《りょうぞう》でした。市川は権令《ごんれい》（県知事）の永山盛輝《もりてる》宛に、博覧会の重要性と松本城が「博覧館ニ用ルニ適当」であることを訴える建言書を提出し、今後10年間は破却を延期してほしいと願い出ます。ここで市川が使った「博覧館」という聞き慣れない用語は、博覧会場と博物館の両方の意味を含んでいたと考えてよいでしょう。幸いにも、市川

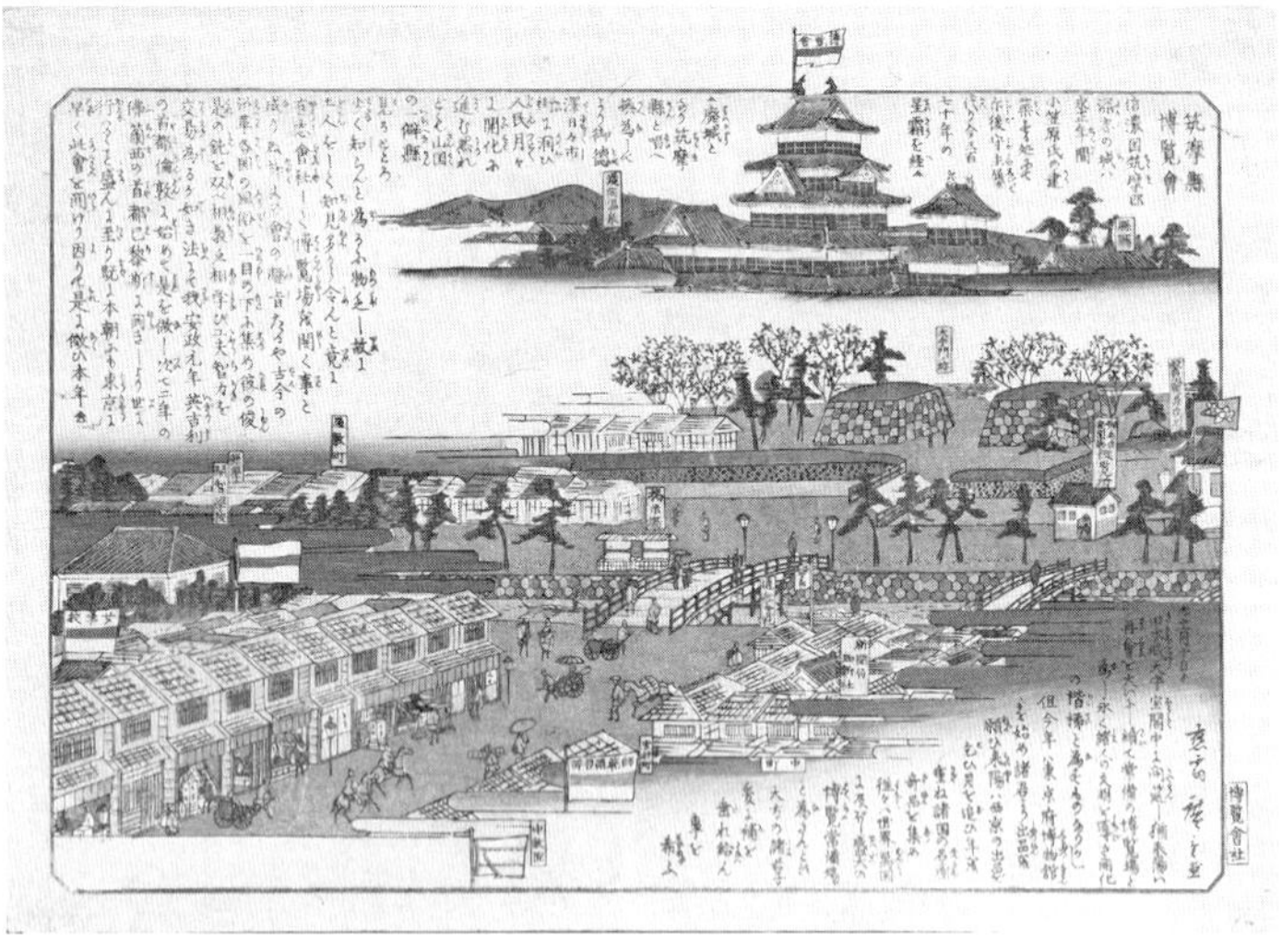

三代歌川広重の錦絵「筑摩県博覧会」に描かれた松本博覧会（長野県立歴史館蔵）

らの請願は聞き届けられ、翌明治6年11月、晴れて博覧会が開催されました。

筑摩県としても、開催に先立ち「天産人造ノ物種ヲ始メ新機器古器物《アタラシキウツハフルキモノ》等」（明治6年9月松本博覧会につき筑摩県達）の出品を奨励するお達しを出すなど全面的に協力し、開会後の来場者は、「日々四、五千人」（『信飛新聞』第11号）に上ったといいます。

松本博覧会は、これ以降も筑摩県の支援を受け、筑摩県が旧長野県に併合された明治9年まで5回にわたり開催されました。当時、信州は長野県と筑摩県というふたつの県政のもとにありました。その中で、博覧会の開催に熱心だったのは圧倒的に筑摩県の方でした。旧信濃国のうち中南信と飛騨地域は「筑摩県」の管下にあり、その県庁所在地が他ならぬ松本城でした。「筑摩県展覧会」というタイトルにも反映されているように、筑摩県はこの博覧会に深く関わっていたのです。

松本博覧会以降、筑摩県下では、飯田、上諏訪、大町、高遠、木曽福島、明盛（安曇野市）、赤穂（駒ヶ根市）、高山、古川（飛騨市）の各都市を会場に、合計26回もの博覧会が開催されました。さらに興味深いことに、松本、高遠、木曽福島などでは「附《つけたり》博覧会」と称する仮設の演芸場や動植物園が併設され、さまざまな興行まで催されました。

一方、旧長野県では、明治8年と翌年の2回、善光寺大勧進を会場に長野博覧会が開催されたに留まります。ところが、明治9年に旧長野県が筑摩県を吸収し、新たな長野県が成立して以降、こうした博覧会は開催されなくなりました。確かな理由は明らかではありませんが、筑摩県が県を挙げて博覧会開催に取り組み、並々ならぬ理解と熱意を抱いていたことは間違いないところです。

第1回松本博覧会の展示の詳細は明らかではありませんが、筑摩県全域に加え、東京の博覧会事務局からの借用品や山梨県からの賛助出品もありました。

翌明治7年、同じく松本城天守閣を会場に開催された第2回展については、詳細な出品目録が残っています。一読してまず目を引くのは、もちろん真贋は別としてですが、池大《いけのたい》雅《が》、渡辺崋山《かざん》、谷文晁《ぶんちょう》の絵画、頼山陽《らいさんよう》の書などのいわゆる「古美術」で、次いで武具甲冑、中国や朝鮮の陶磁器などです。

さらには、飯田市生まれの技術官僚で博物学者の田中芳男（第2章参照）による西洋からの将来品、各地の産物、動植物の剥製や標本類などが続き、中には「陰陽石」「両頭蛇骨」などかなり怪しげな出品も見られます。

おそらく会場内には、現在の長野県中南信と岐阜県飛騨地域から集められた貴重な文化財や芸術作品から、果てはいかがわしい物品に至るまで、あらゆる展示品が所狭しと陳列されていたことでしょう。

幕末から明治初期の博覧会事情

19世紀の後半、日本においては幕末から明治10年代にかけて、急速に発達した工業技術や国民国家の成立とそれに伴う大衆社会の成立等を背景に、ヨーロッパ各地で盛行したのが、「万国博覧会」でした。当時、ヨーロッパ諸国の影響を強く受け入れていた日本は、万国博覧会に積極的に参加するだけでなく、多くの国内博覧会を開催していました。
日本が初めて公式に参加した万国博覧会は、慶応3（1867）年のパリ万国博覧会です。江戸幕府の他に薩摩藩、佐賀藩、江戸商人が出品、日本の美術品や産業がヨーロッパに紹介されました。とりわけ工芸作品は高く評価され、後に「ジャポニズム」という言葉が生まれるきっかけにもなりました。幕府開成所勤務の田中芳男が初めて外国に派遣されたのもこの時です。

明治政府が初めて参加したのは明治6年5月、オーストリア・ハンガリー帝国（当時）の首都で開催されたウィーン万国博覧会です。6年前のパリ万博での経験を買われた田中芳男は、政府を代表する博覧会事務官としてあらゆる局面で活躍します。信州からも多くの出品があったことが確認されており、公式目録によると、筑摩・長野両県からさまざまな鉱物、薬草、生糸、和紙、元結、蕎麦などが海を渡ったことがわかります。前回のパリ万博と同様、日本の工芸品は高く評価され、日本美術に対する関心が高まりました。

日本国内で開催された初の博覧会は、明治4年5月の大学南校物産会とされ、東京九段坂上の招魂社で開かれました。この時も、信州各地から岩石・鉱物・土などが出品されています。

より大規模で本格的なのが、明治5年3月に湯島聖堂大成殿を会場に開催された「文部省博覧会」です。運営の中心人物が田中芳男と町田久成《ひさなり》で、後にふたりは博覧会と博物館の両分野を担うことになります。

会場の様子を描いた錦絵が残っています。江戸時代の縁日のような賑わいのなか、名古屋城の

「古今珍物集覧　元昌平坂聖堂に於て（部分）」（三代国輝画）。金鯱とオオサンショウウオがひときわ目立つ（飯田市美術博物館蔵）

金鯱《しゃちほこ》とオオサンショウウオの生体が、とりわけ多くの観客を集めています。

明治初期には、東京だけでなく全国各地でも博覧会が開かれました。それらは「府県博覧会」と呼ばれ、明治4年に西本願寺で開催された京都博覧会を皮切りに、名古屋博覧会（明治4年、大須・総見寺）、和歌山博覧会（明治5年、本願寺鷺森別院）、徳島旧城展覧会（明治5年、徳島城）、そして金沢展覧会（明治5年、兼六園内巽新殿）と続きます。主に江戸時代以来の文化的伝統を有する譜代大名などの城下町で開催され、多くは地域を代表する寺社が会場とされました。

こうした時代背景のもと、かつての譜代大名戸田・松平氏6万石の城下町松本で、信州初の博覧会が開催されました。松本博覧会のように城そのものが会場となり、一般公開されたのは、高知城（明治6年）、和歌山城（同）、彦根城（明治9年）などがあります。幕藩体制の象徴としての城廓が一般に公開されたことは、人々に新たな時代の到来を感じさせたことでしょう。

非日常的な祭典の意義

明治の初期は、日本全国で博覧会が開かれ、人々に熱狂的に迎えられた時代です。しかし、当時の博覧会は、今日私たちが思い浮かべる博覧会とは様相を異にしていたことも確かです。それには、以下のような特徴があります。

①会期を限って開催される「博覧会」と、恒久的な建物を必要とする「博物館」の境界が曖昧であること
②最新の工業技術の紹介よりも、江戸時代以来の伝統的文化財の展示と標本・剥製類が中心となっていること
③「美術」「音楽」「文学」など文化芸術に関する諸概念がまだ整備されていないこと

実は当時、博覧会や博物館といった諸制度、美術館・博物館・動物園・植物園・水族館などの組織、そして絵画・工芸・彫刻などの体系はまだ、十分に確立していませんでした。たとえば、今日では「美術」という言葉は一般的に、絵画や彫刻といった造形芸術の意味で使われていますが、もともとは明治初期に現れた翻訳語で、当初はやや違ったニュアンスでした。この言葉が使われた最初期の文献として、ウィーン万国博覧会「出品区別」が知られていますが、その「第22区」(Gruppe XXII)は「美術(西洋ニテ音楽、画学、像ヲ作ル術、詩学等ヲ美術ト云フ)ノ博覧場ヲ工作ノ為ニ用フル事」と翻訳されていまし

た。現代よりかなり広く「諸芸術」といった意味で使われています。

ところが、もともとのドイツ語「Kunstgewerbe」は「工芸美術」あるいは「応用美術」の意味ですから、用語の使い方としてはかなり不安定な状態だったといえます。

しかし、こんな時代だからこそ、伝統的な文化財「古器旧物」と最新の科学技術の両方に触れ、現代美術と動植物を同じ会場で鑑賞するという非日常的な祭典は、各地で成功を収めたともいえます。何よりも明治初期という時代からすると、これまで限られた階層のものであった古美術や伝統工芸品、書跡などが一般の人々に開放されたこと自体が画期的な出来事でした。こう考えると、玉石混淆《ぎょくせきこんこう》の展示目録からさえ、出品者と観覧者双方の熱意が伝わってくるように感じられます。

（林　誠）

文化の十字路は祭りの宝庫

南信州と三河、遠江《とおとうみ》のつながり

長野県南部の飯田下伊那地域、愛知県北東部の東三河と呼ばれる地域、静岡県西部の旧遠江国にあたる地域は、「三遠南信」と呼ばれます。3県にまたがりながら、ひとつのエリアとして扱われるのは、文化的に独特のまとまりを持っているからです。ここは近隣に行くのも山を越えて、峠を越えねばならないことが多い、日本中央部の山深い地域です。

この地域の中央を貫くのが天竜川です。天竜川の東側、中央構造線上を走る国道152号は、長野県上田市から茅野市を経由して静岡県浜松市に至ります。天竜川の西側、長野県飯田市から愛知県豊橋市に至るのが国道151号。さらにその東、長野県塩尻市から飯田市を通って愛知県名古屋市につながる国道153号は、豊田市・稲武町交差点において浜松市と岐阜県高山市を結ぶ国道257号と交差します。

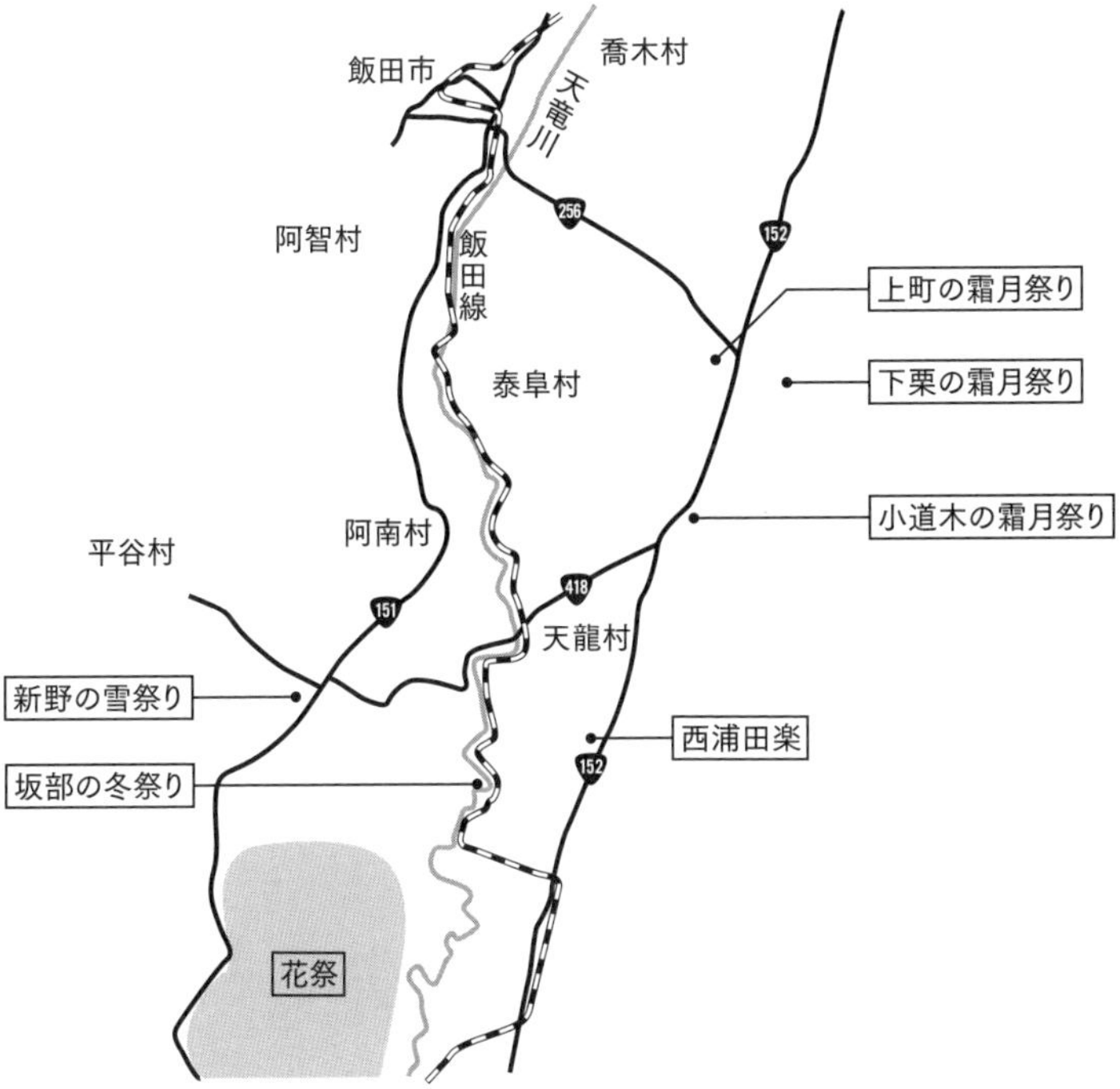

三遠南信の祭礼分布

国道152号は、秋葉街道と呼ばれてきました。浜松市天竜区にある秋葉山本宮秋葉神社（江戸時代までは秋葉権現社と秋葉寺）は火伏《ひぶせ》の信仰で名高く、ここへの参詣道だったからです。元亀3（1572）年、武田信玄はこの道を通って三方ヶ原の戦いへと進みました。

国道153号と257号は、信州と愛知県豊田市、あるいは愛知県豊橋市を結ぶ伊那街道（三州街道）と呼ばれます。江戸時代、この道は中馬街道として、塩や海産物、茶などが運ばれた物資輸送の大動脈でした。

秋葉街道と伊那街道の間にある国道１５１号は、沿線が祭りの宝庫だとして、祭り街道と呼ばれています。これらの道は古くから、信仰、物資、文化の行き交う重要な道でした。

信州と三河、遠江地方は、古くから深いつながりを持っていました。

平成19（２００７）年に中野市の柳沢遺跡で銅戈《どうか》と銅鐸（国重要文化財）が同時に発見されるまで、長野県の銅鐸といえば昭和35（１９６０）年に塩尻市で発見された「柴宮銅鐸」（県宝）でした。柴宮銅鐸は三河から遠江地方にかけて多く出土する三遠式銅鐸で、天竜川を上ってきたと考えられています。つまり、弥生時代にはすでに三遠南信はつながりを持っていたといえるでしょう。

諏訪大社では12月晦日《みそか》の夜、葛井《くずい》社の池に幣を投げ入れ、年越しの祓《はら》えをすると、その幣が遠江国にある鎌田池に浮かび出ると言い伝えられています。また、御前崎市浜岡町佐倉の池宮神社境内にある桜ヶ池も、諏訪湖にその水底が通じているといわれます。

諏訪地方と遠江とのつながりも深く、その間に芸能で結ばれるこの地域があるといえるでしょう。

祭りが全国からやって来た

三遠南信の国境一帯は、古い形式を伝える「湯立神楽《ゆたてかぐら》」が分布することで知られています。旧暦霜月（11月）に一夜を徹して、湯立と舞が繰り返されるため、「霜月祭り」と呼ばれます。

冬の霜月は、多くの木々が葉を落とすことに象徴されるように、自然や神などが衰弱する時期だと理解されました。ですから、神も人間も活力を失った魂を再生・更新させ、新年に備える必要があったのです。神々と人間世界を結びつける能力を持つ水をエネルギーの象徴である火によって湯として浄め、神々を招いて饗応し、神を楽しませたのが湯立神楽です。

祭場となる建物には神の座す神籬《ひもろぎ》が設けられ、舞台の中央には湯釜がしつらえられます。釜の上には白蓋《びゃっかい》、雲などの天蓋《てんがい》が下げられ、周囲には注連縄《しめなわ》や切紙飾が巡らされ、結界が設けられて、神々を迎える場となります。

霜月祭りでは神名帳を読み上げて神々を招待し、湯釜を中心に夜を徹して祝詞《のりと》をあげ、神楽などの舞が行われます。面形で登場するさまざまな神や鬼、湯を振りかけての祓禊《みそぎはらえ》、

霜月祭り（下栗）の湯立神楽。日天に続いて登場した月天の湯切り

霜月祭り（上町）の神事

最後は祭りを鎮めるという、見事なストーリー展開がなされます。

祭りの起源について正確にはわかりません。遠山郷（飯田市南信濃・上村）の霜月祭りの始まりは、地元の伝承では平安時代の終わりとも鎌倉時代ともいわれます。

本来、人間が活動するのは昼間で、神や仏など異界の住人が活動するのが夜だと理解されていました。両者の活動時間帯が交わる黄昏《たそがれ》時や彼は誰《かわたれ》時に、妖怪など異界の住人に会う可能性があったのです。神仏に人間が働きかけを行うのには、神仏の動く夜でなければいけません。善光寺の本堂があれだけ大きいのも、元来、仏の前で一夜を明かし、仏と接触するためでした。この地域の祭りが夜を徹して行われるのも、人間のための祭りではなくて神仏のための祭りだからで、古い形をきちんと伝えているといえるでしょう。

一方、「新野《にいの》の雪祭り」（下伊那郡阿南町）や「西浦田楽《にしうれでんがく》」（静岡県浜松市天竜区水窪）は田遊び・猿楽能が中心になっていて、豊作を祈る農耕儀礼の神事が強く、芸能は外で行われます。

新野の雪祭りは、明治元（1868）年まで祭りを司った伊藤家の先祖が文永2（1265）年に伊豆国（静岡県）から流れてきて、伊豆山権現（静岡県熱海市）を招いて伊豆社を創建したのが始まりとされます。

その後、文安5（1448）年に伊勢国（三重県）から関盛春（伊勢平氏）が新野へ定着し、2代盛国が下伊那郡天龍村から仁善寺《にぜんじ》観音を迎えて、田の神祭りを伝えたといわれますが、証拠はありません。西浦観音堂（浜松市天竜区水窪）の田楽面を新野の大工の棟梁が盗み出したという伝承もあり、両者の関係が深かったことを示します。

西浦田楽は養老3（719）年、奈良時代の僧、行基がこの地を訪れ、正観世音の仏像と仮面を作って奉納したのが始まりとされています。西浦田楽や新野の雪祭りに見られる田楽は、平安時代中期に成立したといわれます。

「奥三河の花祭」（愛知県北設楽郡設楽町・東栄町・豊根村）は、遠く鎌倉・室町時代に山伏や修験者によって伝えられたといいます。

「坂部の冬祭り」（下伊那郡天龍村）は、愛知県と接する天竜川西岸に位置する坂部地区に伝わります。この地域には、近世以前の信用性は低いものですが『熊谷家伝記』という有名な伝記があります。この本では、武蔵《むさし》国熊谷《くまがや》郷（埼玉県熊谷市）を本拠地とした熊谷次郎直実《なおざね》の後裔《こうえい》熊谷貞直を初代として、愛知県北設楽郡富山村を経て、正長元（1428）年に3代直吉が館を坂部《さかんべ》本村に移した時、夢占いによって始めた神楽が冬祭りの始まり、としています。

このように伝承からすると、祭りの始まりは古代や中世にさかのぼりますが、事実は不明です。行基は河内《かわち》国(大阪府)生まれですし、新野の雪祭りの伊東氏は伊豆から、関氏は伊勢から来たことになっていますが、霜月神楽は伊勢神宮(三重県伊勢市)と結びつきが強いとされます。熊谷家は武蔵から来たといいます。

いずれにしろ、これらの祭りは全国からこの地域に流れ込み、さまざまに形を変えながら、現在に至るまで続けられていると考えるべきでしょう。

自然との共生と子孫繁栄

この地域の祭りから強く感じるのは、

静岡県浜松市に伝わる西浦田楽のしずめ

住民の自然との共生、自然への畏怖で、とりわけ水と火に対する特別な感情です。

霜月祭りや冬祭りは地域によって差がありますが、ほとんどで四面《よおもて》の水王と土王が登場し、素手で湯を周囲にはね飛ばし、次に木王と火王が同様の行為をします。そのころ、祭りはクライマックスになります。

坂部の冬祭りでは大神宮の御湯で順の舞を舞い、湯立を行います。本舞の後、火の王社のある下の森、山の神が祭られている神楽森に向けて、火の大神の舞・湯立、神楽大神の舞・湯立がなされ、大杉の根元に幣束と松明を納める風の神送りなどが続きます。雪祭りでは火の禰宜《ねぎ》が、西浦田楽の最後には火の王と水の王の面が出ます。

このように、私たちが生きていくのに欠かせない水や火に対する信仰が地域の基盤にあります。地域の中心部を流れる天竜川は、江戸時代には「天流川」の字が使われ、天から流れ下っている川だとの理解がありました。天竜川の源を諏訪社上社にある天流水舎だとする説があります。諏訪信仰そのものが水分《みくまり》信仰、自然信仰を出発点とします。この地域の祭りの基底部には諏訪信仰があるようです。

場所によっては火伏の神として知られる秋葉神が出てきますが、面は烏天狗のような感じです。自然とのかかわりを違う側面から示しているのが、霜月祭りの山神や稲荷のお狐様ではないでしょうか。

坂部の冬祭り。
たいきり（上右）
小鬼（上左）
天公鬼（下）

この地域の祭礼には雪祭りのシンボルともいえる山鬼、榊鬼、霜月祭りで夜明けごろ登場する3人の天狗《てんごう》、冬祭りのたいきり様や鬼神、天公鬼、青公鬼などの鬼が出てきます。西浦田楽のしずめの面も鬼のようです。こうした鬼は山の鬼で、普段は隠れて姿を見せぬものが祭礼に来臨し、やがて帰って行くという形です。ここには、悪い鬼、人に災いをもたらす鬼の観念はなく、先祖や神の表現のように思えます。同時に山がいかに人々の生活に近かったかも示されています。

お祭りで人々が願うのは子孫繁栄と五穀豊穣でしょう。子どもの誕生の背後には性行為がありますが、祭りと性とは切っても切れない関係です。

霜月祭り（小道木）で抱き合う神太夫夫妻

遠山の霜月祭りで神太夫夫妻が出てくると、祭りの場は独特の雰囲気に包まれます。夫妻は日月を表すとされ、お伊勢参りの途中、村の祭りに出会い、社に詣でると、顔の皺がのび、曲がった腰もまっすぐになり、抱き合います。婆は榊で観客を狂ったように叩きますが、人々は御利益があるとします。榊でお祓いをされることにつながるのでしょう。ふたりが抱き合うのは若返り、性行為、生殖を意味します。

西浦田楽の地能の二二番は山家早乙女です。背中に人形の赤ん坊（ねんねんぼうし）を背負い、長い箒を持った子守役が幕屋から走り出てくると、箒で観客の頭をたたきます。赤ん坊の親と言い合いをし、親役に説得されて子守が再びねんねんぼうしを背負って、長い箒で観客の頭を叩きまわって退場します。霜月祭りの婆につながりそうです。

雪祭りでは幸法《さいほう》が松と田うちわを持って舞いますが、ホッチョウという男根の象徴をもって女性にこすり、安産妊娠のまじないも行います。神婆《かんば》は君の舞とも言われ、振り袖を着た婆が爺と抱き合うと、娘が鼓をもって現れます。これも生殖行為で、稲の実りを促すといいます。冬祭りでは白塗りの翁面に続き日月・女郎面が登場しますが、雪祭りの神婆とつながります。

冬祭りの巫女の舞は神子・おかめ・ひょっとこなどによる仮面の舞ですが、五幣餅やすりこぎ・しゃもじを手にして舞庭に現れます。ご飯や味噌が塗られるとその年は縁起がよ

新野の雪祭りに登場する幸法

いと言われてます。すりこぎは男根で、ここにも性的な要素が強く見られます。

地域の祭りの中には予祝要素が多くあり、農作物などの豊作が願われます。上村では祭りの最後に天白が釜の周りを踏みまわり、東西南北天地に矢を放ち、最後に「天下泰平、国家安全、五穀豊穣、めでたくかなう」の唱えに合わせて、顔で「叶う」と書きますが、こうした願いのために祭りが続けられているのです。

尽きない課題と興味

私は何度見に行っても、どこの祭りを見ても、その都度発見があり、満たされた感情を持って帰ってきます。

折口信夫が日本芸能の源流としてみた祭礼には、もどきの役割、足の踏み方やその意味、音楽の特性、装束などどんなに勉強し、研究しても尽きない課題が出てきます。

世界の中でも日本ほど、四季に応じて、地域に応じて、たくさんの祭礼を持った国は他にないと思います。とりわけ三遠南信地域は日本文化の宝庫です。まさに日本文化の十字路ですが、十字路にこめられているのは、さまざまな文化が行き交い、混じり合ったという地理的意味だけではありません。過去の祭礼、とりわけ今では接することが難しくなった中世の祭礼と、今まさに続けられている飯田市の人形劇フェスティバルなど、過去と現在、そして未来の十字路の意味もあります。この地域の研究の蓄積はおそらく日本全国でもトップクラスであり、研究の視点や調査方法などでも十字路になっています。

日本全国に孤立していた地域はなく、それぞれ全国、そして世界とつながっていました。それなのになぜ、この地域の住民だけが、こんなに高度な文化を受け入れることができたのでしょうか。なぜ、他の地域にはない、こんなに古い形態の祭礼が残されているのでしょうか。もっとも根源的な問いに答えることができません。

ぜひ直接、この地域の祭りに接してください。坂部の冬祭りや西浦田楽は、ヨーロッパのオペラよりすごいのではないかとさえ思います。音楽も所作も、衣装も、こめられている意味も、ものすごく深いのです。ここで取り上げた祭りは冬の寒い時期、屋外で、眠さと煙に耐えながら立って見なければなりません。しかも時間が長く、何もしない時間もあります。それでも、この魅力にとりつかれると、また行きたくなるのです。

信州とは何か、日本とは何か、生きるとは何かを考えようとする人には、ぜひ、祭りの現場で自分を見つめてほしいものです。同時にこの地域は過疎化が進み、こうした祭りの存続が危ぶまれています。いかにしてこれを守っていくか。日本全体の課題でもあります。

（笹本　正治）

2 信州は日本をリードした

黒曜石は輝ける最古の信州ブランド

星の地名が示す光る石

諏訪湖の北側、和田峠から霧ヶ峰の一帯には、星糞峠《ほしくそ》、星ヶ塔山《ほしがとう》、星ヶ台といった「星」がついた地名がたくさんあります。そこに行くと、キラキラ光る石のかけらが地表一面に広がっています。光る石の正体は、黒曜石です。

火山の多い日本列島は、世界でも有数の黒曜石原産地帯です。国内には100カ所以上の産出地がありますが、なかでも長野県の和田峠から霧ヶ峰、八ヶ岳にかけての「信州黒曜石原産地」は本州最大規模を誇り、日本を代表する黒曜石原産地のひとつなのです。

天然ガラスともいわれる黒曜石は、割れ口が鋭いことから、鉄器が発明される前の石器時代（旧石器・縄文時代）、石の刃物として重宝されました。黒曜石が道具の貴重な素材として利用されていた時代、信州は黒曜石のおかげで文化が発展していったといっても過言ではありません。

黒曜石は、流紋岩質のマグマが地下の比較的浅いところに貫入し、その縁辺部が急冷されることで生成されます。これを火道《かどう》岩脈といいます。黒曜石自体が溶岩流をつくる場合もあります。また、火山活動の際に火口で急冷・破砕され、火砕流堆積物に含まれることもあります。

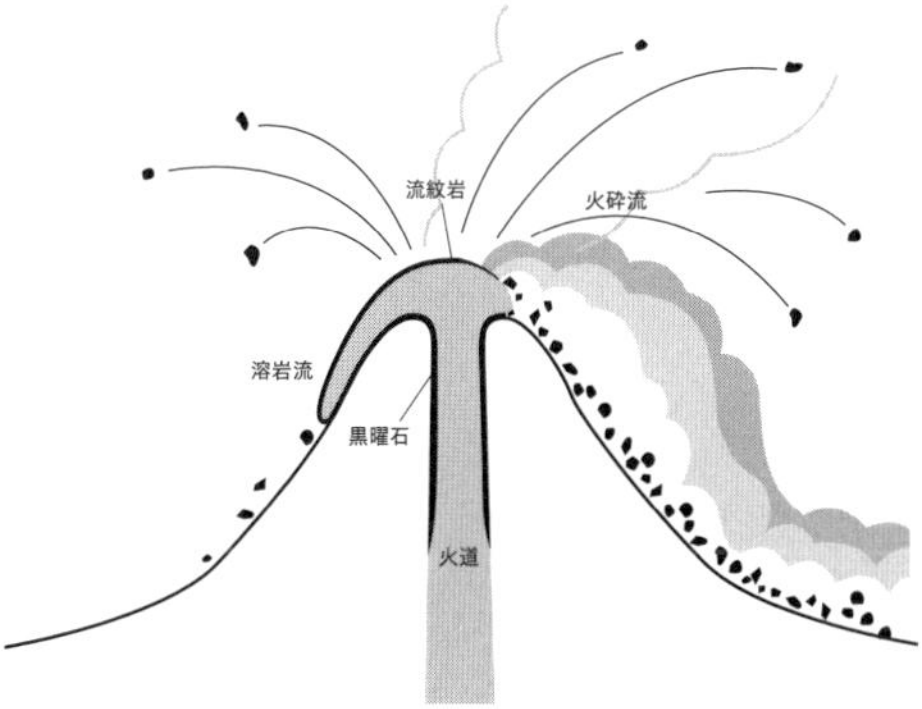

黒曜石の生成

信州の黒曜石原産地には、30カ所におよぶ産出地が確認されています。火道岩脈、溶岩流、火砕流堆積物の噴出に伴って産出することもあれば、そうした岩石や鉱脈の一部が地表に現れた所が崩落などして、山腹や河岸段丘、河床に黒曜石が見られることもあります。

信州の旧石器・縄文人は、そうした黒曜石を巧みに手に入れて、流通させていたのです。

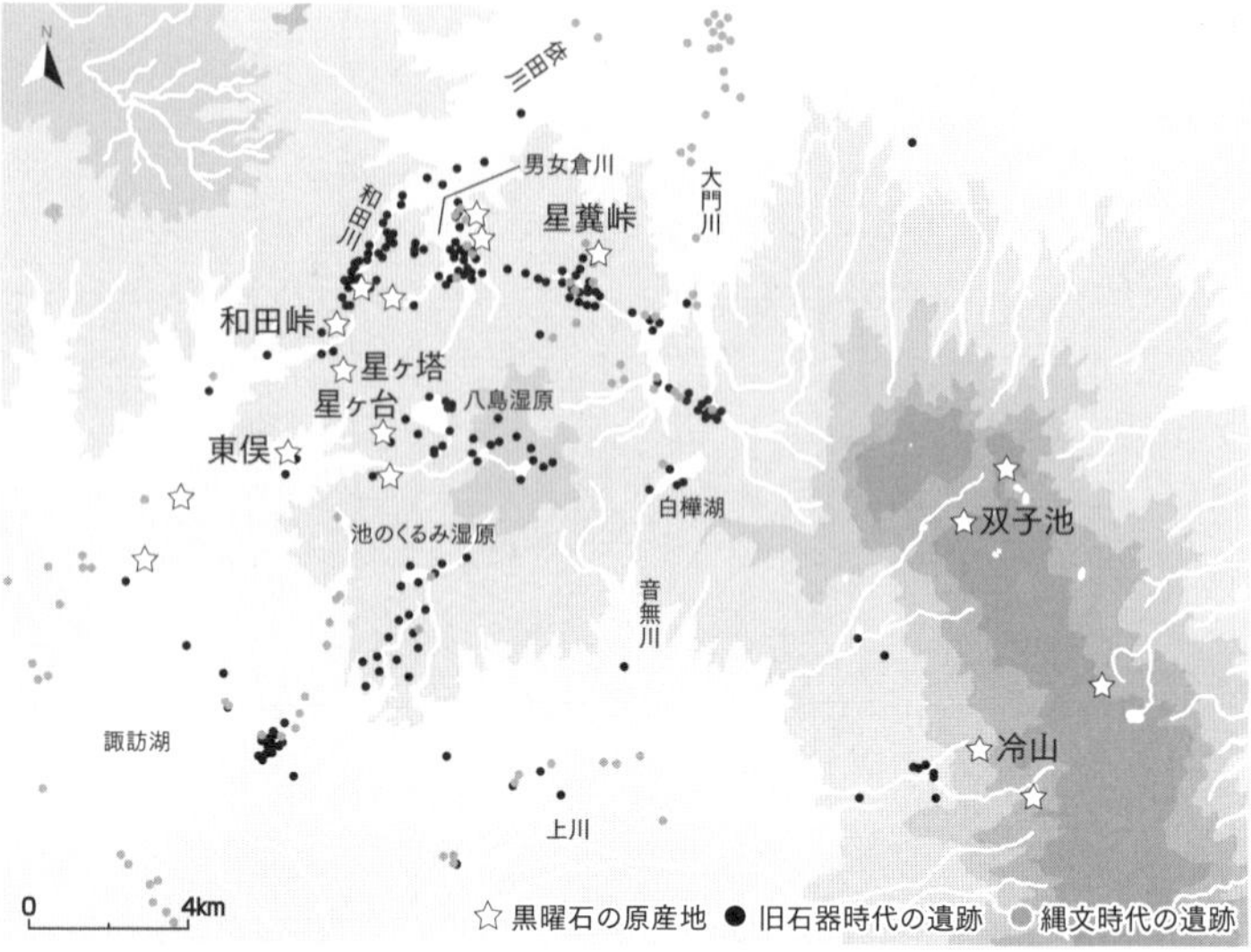

諏訪湖の北側に広がる日本でも有数の黒曜石原産地帯（長和町教育委員会の原図を元に作成）

小県郡長和町三ノ又沢の火砕流堆積物

黒曜石採取の時代

日本列島における黒曜石とヒトとのかかわりは、3万数千年前にさかのぼります。旧石器人が黒曜石と出会うことで、信州の歴史にも大きな変化がありました。

長野県で最も古い遺跡は、約4万年前にさかのぼる野尻湖底の立《たて》が鼻《はな》遺跡（上水内郡信濃町）と竹佐中原遺跡（飯田市）です。長野県からすると、信濃町と飯田市は北と南の玄関口のようなところに位置します。

日本列島に初めて到達した人類が、どこからどのように来たのかは、サハリン（樺太）から北海道へ、朝鮮半島から九州北部へ、南海諸島から九州南部へなど諸説あります。寒冷な時期に海水面が低下して、大陸と地続きになった時もありますが、数万年前の気候ではそのチャンスは少なく、舟を用いてこの日本列島に渡ってきたようです。大陸から渡ってきた人々は、おそらく海岸沿いに生活の適地を求めて日本列島を移動しました。彼らが少し内陸に入り、信州に残した遺跡が、立が鼻遺跡や竹佐中原遺跡です。そこから、さらに内陸部へ進むなかで、黒曜石と出会ったと思われます。

立が鼻と竹佐中原は小規模なムラで、竹佐中原遺跡からは石器と石片がまとまる直径数mの石器ブロックが数カ所見つかっているだけです。ここで在地の石材を用い、形がふぞろいな石器を作っていた旧石器人は、まだ黒曜石の存在を知りませんでした。

約3万数千年前に、信州の黒曜石に出会った旧石器人は、黒曜石の産地に長く逗留することはせず、野尻湖（信濃町）周辺を生活適地として確保し、そこで黒曜石の石器を使うようになります。黒曜石という切れ味のよい石器の素材が必要な時は、「信州黒曜石原産地」である和田峠・霧ヶ峰・八ヶ岳周辺まで歩いて取りに行っていたと思われます。野尻湖から八ヶ岳周辺までは100㎞ほどの道のりです。黒曜石が取れる山は遠くても、その場所を確実に認識していたのでしょう。

野尻湖近くにある貫ノ木《かんのき》遺跡（信濃町）から出土した、黒曜石の大型石核《せっかく》2点を観察してみると、石核の出っ張った角やその角同士を結ぶ稜線に、擦れた跡が見られます。この擦り傷跡は産地で黒曜石が転がってつくような傷ではなく、石同士がかなりの頻度でこすり合わされる状態でないとできません。

つまり、この石核は産地から貫ノ木遺跡まで、おそらく革袋のような入れ物に入った状態で運ばれてきたと考えられています。この擦り傷を「運搬痕」といいます。このふたつの石核は、産地において質を確かめるための試し割りをした後、原石に近い状態で野尻湖までもたらされたと思われます。ほかにも、貫ノ木遺跡で出土した割れたカケラを接合していくと、原石に近い状態まで復元できることも、原石の状態でもたらされたことを裏付けています。3万年前、野尻湖周辺で暮らす旧石器人は黒曜石の産地に出向いて原石を採取し、それを持って行き来していたのです。

貫ノ木遺跡から出土した黒曜石の大型石核。石同士がこすり合った「運搬痕」がついている。左は長さ 12cm（長野県立歴史館蔵）

生活の場と黒曜石の産地を頻繁に行き来するようになった彼らは、日本でも有数の遺跡が密集する野尻湖遺跡群を形成します。彼らの遺跡の規模は前の時代に比べて格段に大きくなり、狩りや獲物解体の道具も黒曜石で作るようになりました。貫ノ木遺跡をはじめ、日向林《ひなたばやし》B遺跡、大久保南遺跡（ともに信濃町）などに代表される野尻湖遺跡群には、直径20mにもなる環状のムラが残っています。

なぜ、黒曜石をたくさん使う野尻湖遺跡群の旧石器人たちは、黒曜石の産地の近くに生活の拠点を求めることをしなかったのでしょうか。原産地は標高1500〜2000mの高地で、暮らすには寒すぎ

貫ノ木遺跡で発見された「運搬痕」がついた石槍。左は長さ 7.3cm
（長野県立歴史館蔵）

たのではないかと考えられます。野尻湖周辺は黒曜石以外も石はほとんど取れませんが、生活するには圧倒的にいい場所だったのでしょう。

2万年前ころになると、黒曜石の原産地には、石器の表裏両面が丁寧に加工され、木の葉のような形の石槍をたくさん作る工場のような遺跡が現れます。小県郡長和町の鷹山《たかやま》遺跡群や男女倉《おめぐら》遺跡群です。石槍は細かい加工が施されるため、製作途中で壊れることもあったようで、産地の遺跡では製作途中の破損品などがたくさん見られます。このころになると、材料がすぐ手に入る原産地で石器を製作するようになったと思われます。

野尻湖でも黒曜石製の石槍が多数発見されていますが、貫ノ木遺跡の石槍に「運搬痕」がみられます。この石槍は完全に形が作られていないので、おそらく産地で完成の一歩手前まで作り上げてから、野尻湖まで運ばれたのでしょう。石槍使用の場である消費地で形を整え、柄をつければ道具は完成します。

２万年前以降、黒曜石原産地では道具の変化により、こうした原石を加工する遺跡が多数形成され、石器もしくは完成一歩手前の石器が消費地である野尻湖へ運ばれていくようになりました。多数の信州産黒曜石が利用されていた野尻湖遺跡群は一例であり、２００㎞離れた関東地方の遺跡でも使われていたことがわかっています。

３万数千年前、黒曜石との出会いで信州黒曜石文化が始まりました。

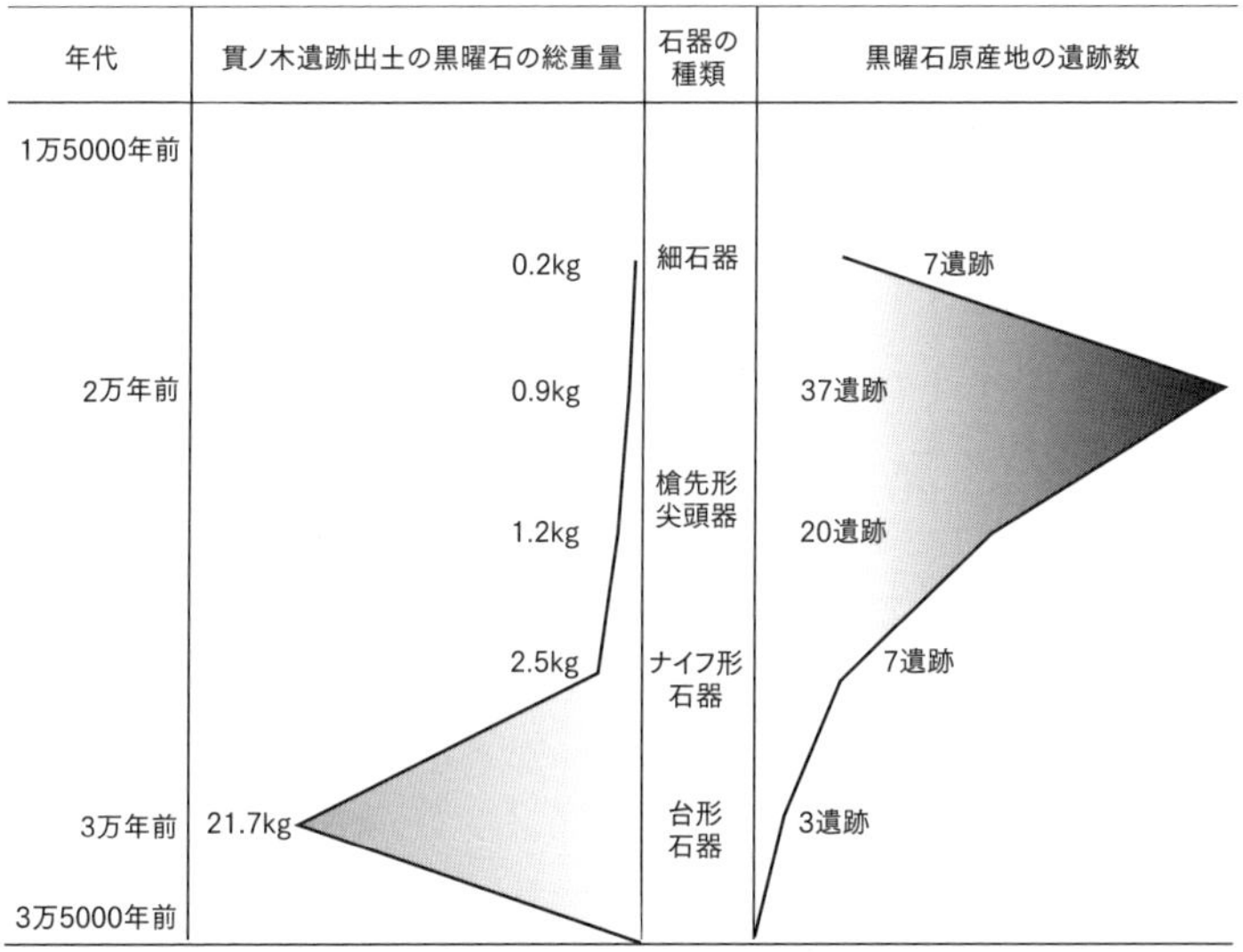

原産地と消費地での黒曜石数（重量）や遺跡数の変遷

前半期、原産地は黒曜石採取の場で野尻湖や関東地方の旧石器人が黒曜石を求めて集まってきました。それが後半期になると原産地は石器製作の拠点となり、各地に石器の素材や石器を搬出していたようです。旧石器時代の終末期、原産地の遺跡は減少します。安山岩などの新たな石材への志向や細石器という新たな道具の導入などが要因でしょうか。時代は後氷期の縄文時代へと向かっていきました。

縄文時代の黒曜石鉱山

旧石器時代は氷河期で気温も低く、標高1500m辺りに存在した黒曜石原産地は、山肌のガレ場や河川に見られる原石を比較的容易に採取することができたと思われます。旧石器時代の2万年間を通して、信州産黒曜石は野尻湖や関東地方にたくさん出回りました。しかし、いつまでも地表面での採取はできなかったようです。

もちろん長年にわたる採取によって、地表面に見られる黒曜石も減少したでしょう。それにも増して氷河期が終わり、気候が温暖化することによって森林が発達してきます。黒曜石が見えていた地表は腐植土に覆われ、山肌から供給された転石も容易には見つけられなくなったと思われます。そのため、縄文人は腐植土の下に眠る黒曜石を採掘することを考え始めます。黒曜石縄文鉱山の始まりでした。

縄文鉱山の存在は、すでに大正時代から知られていました。諏訪郡下諏訪町の星ヶ塔山です。昭和30年代に、在野の考古学者である藤森栄一らによって、星ヶ塔山が採掘跡であることが確認されています。しかし、縄文鉱山の規模は大きく、組織的な調査を行わなければその全貌はつかめませんでした。

長和町の星糞峠は、その麓に広がる鷹山地区におけるスキー場建設の発掘調査が端緒となり、一帯の遺跡を把握するために分布調査が行われました。旧長門町教育委員会が明治大学に協力を要請し、畑や山林のなかを踏査あるいは試し掘りをしながら遺跡の存在を確認していきました。そんななか、星糞峠の一角にクレーター状のくぼみが多数確認されました。

くぼみの正体は何か――。くぼみのひとつに発掘のメスを入れてみると、白色の粘土層と褐色のローム層が交互に繰り返して重なっています。くぼみの地下に眠る地層は、人が掘っては埋まり、また掘っては埋まりということを何度も繰り返しながら、地中を掘り返した跡でした。さらに、縄文時代後期の土器もつぶれた状態で出土したことから、この地層を掘り返していたのは縄文人であることも判明しました。

白色粘土層には黒曜石の原石が含まれており、縄文人はこの白色粘土層に含まれる黒曜石を狙ってこの山腹を掘り返していたのです。くぼみの正体は、縄文人が黒曜石を採掘するために掘った竪《たて》坑《こう》が埋まりきらず、現代まで地表面に残されていた跡だったのです。

その後の継続調査で、星糞峠のくぼみは200カ所近く確認されました。ひとつのくぼみに縄文人が掘った竪坑が複数個見つかったことから、地表に残ったくぼみは10カ所近い竪坑の集合体であることもわかり、縄文人が掘った最小単位の竪坑は2000カ所を超えることが想像されます。まさに鉱山といえるでしょう。白色粘土層は火砕流が起源で、87万年前の和田峠周辺の噴火に

星糞峠黒曜石原産地遺跡で確認されたくぼみ（長和町教育委員会提供）

より発生した火砕流が、７㎞も流されて星糞峠のある虫倉山までもたらされたものであることも分かってきました。

下諏訪町の星ヶ塔山でも２００カ所ほどのくぼみが確認され、縄文時代前期と晩期の採掘の様子が下諏訪町教育委員会の調査で判明してきました。縄文前期は火砕流堆積物の黒曜石を、晩期には岩脈を直接叩いて黒曜石を採掘していました。星ヶ塔産の黒曜石は、遠く青森県の三内丸山遺跡まで、さらに津軽海峡を越えて北海道の函館まで、矢じりである石鏃《ぞく》となって６００㎞もの旅をしていたことがわかりました。黒曜石が「元祖信州ブランド」といわれるのはこのためです。「良い物を手に入れたい、使いたい」という気持ちは、はるか石器時代の人々にもあったのです。

縄文人が掘り残した星ヶ塔黒曜石原産地遺跡の柱状の岩脈（下諏訪町教育委員会提供）

黒曜石は、鉱山からどのように持ち運ばれていったのでしょうか。星糞峠と星ヶ塔山のふたつの縄文鉱山跡では、今のところ竪穴住居跡は発見されていません。採掘された黒曜石の管理は、鉱山のあったその場で行われていたのではなく、麓のムラが行っていたようです。

茅野市尖石縄文考古館前館長の鵜飼幸雄は、八ヶ岳西南麓に広がる縄文時代のムラを4つの地域に分け、その中で一番西にある霧ヶ峰黒曜石原産地の麓のムラに注目しました。特別史跡である尖石遺跡をはじめ、「縄文のビーナス」を出土した棚畑遺跡、さらに黒曜石の集散地とされる駒形遺跡があるエリアで、中でも棚畑遺跡や駒形遺跡は、霧ヶ峰台上にある星ヶ塔・星ヶ台黒曜石原産地から麓に下りてきた直近のムラなのです。鵜飼は、そこから大量の石鏃などの黒曜石製石器やその未成品、原石、石くずが発掘されていることに着目し、黒曜石流通の拠点として繁栄したムラが集まる場所であったと指摘しています。

縄文文化繁栄の鍵は信州産黒曜石

縄文時代には賑わっていた黒曜石原産地周辺も、生活に黒曜石が使われなくなってからは忘れられた存在でした。

そのため、近代の在野の研究者も中央の研究者も信州黒曜石原産地にある遺跡から黒曜石が大量に出土することに着目し、「なぜここから、こんなにも黒曜石の石器が出てくるのだろう」と興味を持っていました。

明治時代、諏訪湖底にある曽根遺跡をめぐって、湖上住居説、地盤沈下説など学界で論争となったことがありました。それを「曽根論争」といいます。曽根論争勃発のきっかけとなったのが、湖底から採集された石鏃だったのです。

曽根遺跡から見つかった石鏃の多くは、黒曜石製でした。調査のたびに大量に発見される黒曜石の石鏃は、自然に信州黒曜石原産地への関心を高めたといえるのではないでしょうか。曽根遺跡の調査には大正13（1924）年に刊行された『諏訪史』第一巻をまとめた東京帝国大学人類学教室の鳥居龍蔵も訪れました。

同書で鳥居は、黒曜石製石鏃の分布から先史時代の交易を推定しています。さらに「当時の資源豊富と黒曜石」という項目を

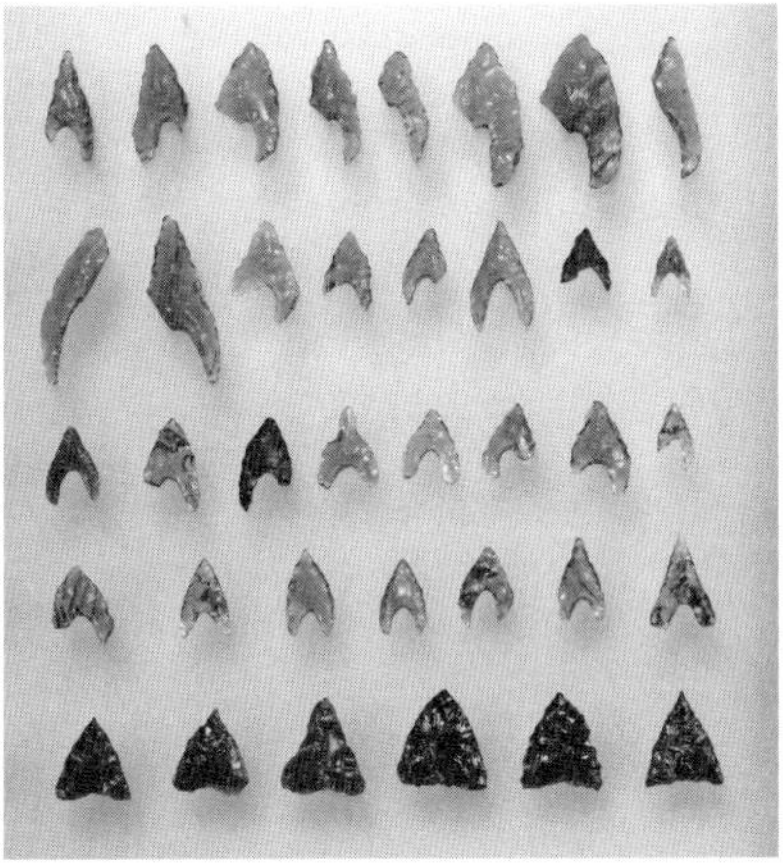

諏訪湖底にある曽根遺跡から出土した石鏃
（諏訪市博物館蔵）

起こし、「本郡が、以上の当時民衆の生活上、日常欠くべからざる石鏃の原料の産出地を有していることは、即ち大きな財源を有っていることであって、これやがて此処の彼等が他地方に比して富んでいた所以である」と書いています。黒曜石という豊富な地下資源を利用した中部高地の豊かな文化を、既に指摘していたのです。つまり大正時代から、諏訪が黒曜石の産地だったということが知られていたということです。

信州の縄文人は、この貴重な地下資源を自分たちだけで独り占めするのではなく、東西地域の縄文人と共有していたようです。それは関東や東海、西日本の土器が、八ヶ岳山麓のムラから発見されることからも分かります。また、新潟県糸魚川産のヒスイやおそらく千葉県産のコハクといった宝石が、信州の遺跡から数多く発掘されることからも裏付けられます。「縄文のビーナス」などの土偶や顔を表現した土器などは、いろいろな地域から八ヶ岳一帯へ集う人々のおもてなしとして、祭りや催しに使われていたのではないでしょうか。

シルクロードならぬ〝オブシディアン（黒曜石）ロード〟が縄文時代にはあり、日本各地からやってくる人々が行き交い、賑わった様子を想像してください。信州産黒曜石は日本全国に流通したブランド品であり、信州産黒曜石は信州のみならず、日本の縄文文化の繁栄を導いたと思っています。

（大竹　憲昭）

川中島が読み解いた歴史の狭間

川中島合戦にロマンはあるのか

今《こん》十九、信州更科（級）郡川中島において、一戦を遂げるの時、頸壱《くびひとつ》討ち捕るの条神妙の至り感じ入り候、いよいよ忠信を抽《ぬき》んずべきものなり、よって件《くだん》の如《ごと》し

（今月（天文24年7月）19日、信州更級郡川中島で戦った折、頸壱《くびひと》つを討ち取ったことは大変神妙なことで、感じ入っています。これからも益々忠信に励みなさい）

これは、武田晴信（信玄、以下信玄に統一）が天文24（１５５５）年の川中島の合戦の折に出した褒賞の書付です。上位の者が家臣などに戦功をたたえるために出す文書を「感《かん》状《じょう》」といい、長野県立歴史館が平成30（２０１８）年に購入しました。

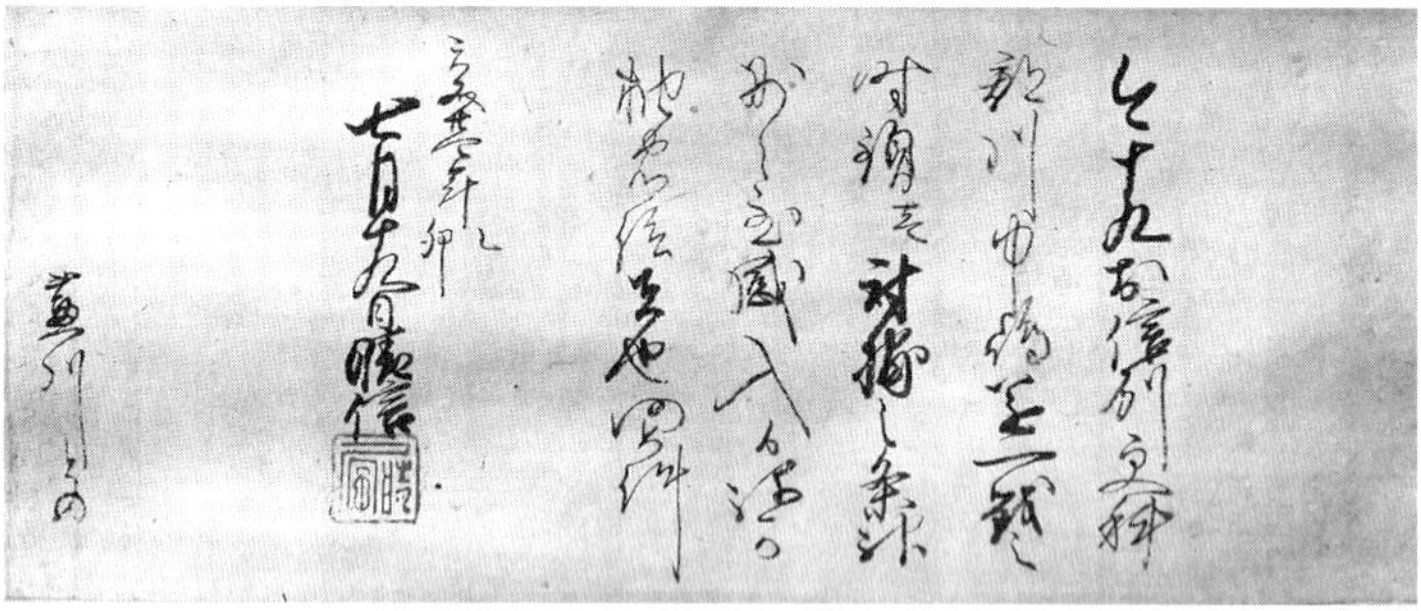

天文 24 年、武田信玄が出した感状（長野県立歴史館蔵）

　この天文24年の戦いは、いわゆる第2回目の川中島合戦として知られています。実はその時に出された感状は13通ほど知られていて、表記にごくわずかの差異があるものの、いずれもまったく同文のものとして伝わっています。

　あて先は「蘆川《あしかわ》との」となっています。蘆川《あしかわ》氏は後に上杉氏の家臣となり、須坂市鮎川《あゆかわ》流域に点在した「井上十六騎」と称された地侍《じざむらい》のひとりですが、もとは甲斐《かい》国蘆川郷の出身と思われます。武田信玄とともに信濃へやってきた武士で、この後、戦功で信濃国に領地を得たのでしょう。普通は「殿」と漢字で書くべきところを「との」と表記している点や、あて先の位置が低位であることなどから考えて、蘆川氏が軽輩として認識されていることに気付きます。

　この文書は、蘆川氏にとって、自分の戦功を主君に認めてもらったことを示す重要なものです。しかし一方で、

「頸一つ」を分捕って証拠として見せなくては、自分の手柄を認めてもらえなかった戦国時代の戦いの本質がうかがえる文書ともいえます。

こうした戦争の悲惨さを知れば、川中島合戦にロマンを見い出すことなどできないはずです。

「前田利家桶狭間凱旋図」に描かれている首を取った馬上の前田利家（高岡市立博物館蔵）

イメージ先行の川中島

「鞭声《べんせい》粛々《しゅくしゅく》夜河を渡る　暁《あかつき》に見る千兵《せんぺい》の大牙《たいが》を擁するを…」

幕末の学者、頼山陽《らいさんよう》の漢詩を聞いたことがあるでしょうか。上杉謙信の軍が武田信玄の本隊に悟られることのないように千曲川の渡しを渡る場面を詠んだものです。

川中島合戦は江戸時代のころから、著名な戦いとして全国で広く知られていました。実際、合戦から300年も後の詩人が詠ずるほど、この戦いはよく知られていたのです。名所案内のような「陣取図《じんとり》」や、武将たちの錦絵が印刷され、販売もされました。「甲越信《こうえつしん》戦録《せんろく》」のような川中島の古老の伝承をもとに編まれたものまで出版されています。

現代でもNHK大河ドラマで、昭和44（1969）年に「天と地と」が放映されて以来、昭和63（1988）年に「武田信玄」、平成19（2007）年「風林火山」、そして平成21（2009）年「天地人」と4度のドラマの中で印象的な場面として描かれました。映画では三船敏郎主演の「風林火山」が昭和44年に封切りされ、平成2（1990）年には角川映画「天と地と」が公開されています。現代人の人口にまで膾炙《かいしゃ》した戦いといってよいでしょう。

そもそも武田氏と上杉氏の私戦である川中島合戦は、関ケ原合戦のように「天下分け目の戦い」ではなかったので、どちらが勝とうが中央の政局は変わらなかったに違いありません。関ケ原の戦いが全国の大名が集結した大戦争であったのに対し、川中島は信濃国の善光寺平と呼ばれる北信地方の南部を中心とした戦いに過ぎません。

川中島合戦は天文22（1553）年から永禄7（1564）年に渡る長い戦いで、主な戦闘は5回ありました。頼山陽が詠んだいわゆる一騎打ちがあり、大激戦とされる永禄4（1561）年の第4回目の戦い（八幡原の戦い）については、信頼できる当時の文書や記録は皆無といってよいでしょう。その意味で、この戦いの戦局や戦術に過剰な評価を持たせることは、歴史学の上ではできないのです。

では、私たちが持っている「川中島合戦」のイメージは、いつどうやって形作られたのでしょうか。

天正10（1582）年に武田氏が滅亡すると、旧武田氏の旧臣の多くが徳川家に仕官します。『甲陽軍鑑』は武田家遺臣の小幡景憲《おばたかげのり》が、川中島合戦をはじめ信玄の軍歴などを顕彰するために、逸話を体系化した武田流の軍学書です。〝神君家康〟を三方ヶ原で破ったのが武田信玄であったので、『甲陽軍鑑』は研究対象として江戸幕府の中で公式の軍学書

武田流の軍学書『甲陽軍鑑』（長野県立歴史館蔵）

となったのです。これが川中島合戦が広く学ばれ知られるようになったきっかけです。

なぜ川中島だったのか

ただし、私たちが川中島合戦を考える際に、無視できない点があります。それは両者が「なぜ川中島で戦ったのか」という点です。

狭い意味での川中島とは、犀川と千曲川に挟まれながら落ち合う地域ですが、広義では善光寺平と称される北信濃一帯を指し、「川中島合戦」という場合も後者の意味で使用されています。

この戦いの発端は、通説では「武田信玄の信濃国への侵攻」に対し、圧迫された北信濃の諸士が「上杉謙信の出兵を要請」し、これに「謙信が応じた」ものと理解されています。当時の信頼できる古文書からみてもこれは明らかです。しかし、もう少し違った見方もできるのです。

たとえば、川中島合戦より200年さかのぼる14世紀半ばに約60年続いた南北朝の内乱において、北信濃一帯では北朝勢力（主に信濃国守護である小笠原氏）と南朝勢力が散発的に争っていました。北信濃には越後《えちご》国の南朝勢力である新田《にった》氏や上杉氏の影響力が及んでいたため、南朝系の勢力が根強く残っていたからです。1392年に南北朝が合一されても、信濃では南朝の年号を使用していた勢力がいたほどです。南北朝内乱の余韻が残る応永7（1400）年には、信濃国守護である小笠原長秀に東北信の反小笠原勢力が抵抗して、大塔《おおとう》合戦が起こります。

応仁の乱（1467〜1477）のころ、上杉氏は小笠原氏とともに信濃国の半国守護となっていた時期がありました。奈良の興福寺僧だった大乗院《だいじょういん》尋尊《じんそん》の記録に、上杉・小笠原両氏が「信濃守護」と書かれています。

これを裏付ける史料も残っています。永正3（1506）年、越後国守護上杉氏と守護代長尾氏とが権力争いをして越後永正の乱が勃発した際、隣国北信濃の「市川・泉・高梨」各氏が越後守護代の長尾為景《ためかげ》と連携して越後国内へ出兵していました。また、長沼（長野市）の島津貞忠《さだただ》は、永正の乱が信濃国内へ波及すると、その戦況報告を守護代長尾為景に行い、さらに「千曲川の西は貞忠が、川東は綿内氏・須田氏が管轄すべき」（上杉文書）という驚くべき提言もしているのです。

北信濃の管轄や武将配置について、北信濃の武士たちは、隣国の守護代へ伝達していることがわかります。命令系統を常識的に考えれば、彼らは善光寺平が越後国守護権力の管轄下（分国《ぶんこく》）であると認識していたということなのです。また、高梨氏や須田氏のように、彼らのなかには信濃だけでなく、越後に所領を持つものも少なくありませんでした。

つまり、武田信玄の侵攻に対して北信濃の武将が上杉謙信に救援を求めた理由、それはこの地域が「越後国守護の分国」だったと考えていたから、さらに言い換えれば、上杉謙信が出兵したのは自らの影響力の及ぶ地域に武田氏が侵入したから、と考えられます。

事実、上杉軍が出兵した最南端は川中島合戦第1回目（天文22年）の埴科郡南条（坂城町南条）までであり、また第3回合戦（弘治3（1557年）の坂木・岩鼻（坂城町と上田市境）までで、決して更埴地域を出ることはありませんでした。謙信は、自らの分国を維持することが合戦の目的だったのです。一方の信玄は、小県郡・筑摩郡の両面から善光寺平に入り、着々と上杉氏分国を侵していきますから、両者の決戦の場は必然的に「川中島」にならざるを得なかったといえます。

　このように、川中島合戦を前時代の歴史的・地勢的な経

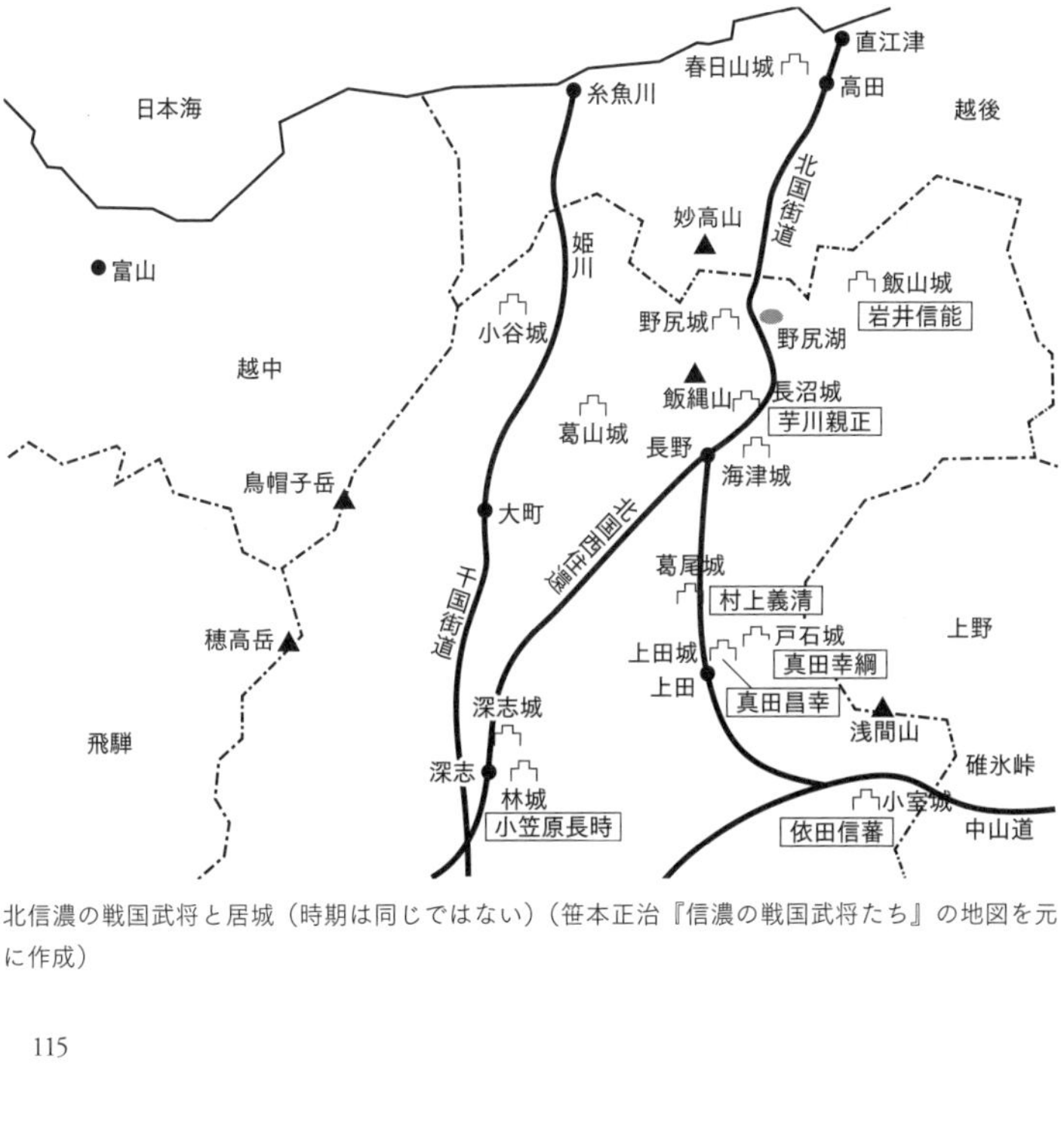

北信濃の戦国武将と居城（時期は同じではない）（笹本正治『信濃の戦国武将たち』の地図を元に作成）

緯でとらえると、この戦いが決して偶発的なものだったのではないことに気付きます。

一地方の戦いから日本の歴史が読み解ける

もう一点、どちらが勝とうが中央の政局は変わらない一地方の戦いに過ぎなかった川中島合戦を、全国的な立ち位置で見る見方もあります。

武田信玄は弘治4（永禄元・1558）年ごろまでに、室町幕府から信濃国守護に任命されます。これによって信玄は、信濃一国の管轄権を獲得する名目を得たとされています。それと引き換えに、13代将軍足利義輝は信玄に対し「信越国切《くにぎり》で上杉氏と和融《わゆう》（和議）せよ」と命じました。国切とは、国境を定めることです。同様の命令が上杉謙信のもとへ出されたと思われま

現在の岩鼻地区

す。

この「停戦命令」は、武田氏が兵を引かなかったことから失敗に終わります。信玄にしてみれば「信濃守護」任官というお墨付きがあれば、領土の拡大が見込めたわけですから、停戦はむしろ自国不利となる可能性がありました。一方で、謙信は自らの分国「北信濃」(＝更級・埴科地域までのライン)で国境線としたい思惑があったので、「国切」は望むところでした。両者の思惑の相違によって、停戦はならず第4回目の永禄4年合戦へとなだれ込んでいきます。

こうした動きから、当時の幕府将軍には大名同士の私戦を停戦する役割(調停)が求められていたことがうかがえます。川中島合戦を全国的な位置付けでとらえる視点です。

(村石　正行)

博物館の父は飯田から羽ばたいた

「虫捕御用《むしとりごよう》」の幼年時代

慶応2(1866)年2月、魚すくいの網と長持《ながもち》ちを担いだ奇妙な風体の男たちが、江戸近郊の野山を駆け回っていました。昆虫採集が目的だというのですが、石でも木でも、目につくものはなんでも拾い集めて長持ちに詰め込んでいきます。温泉を見つければビールの空き瓶にお湯を詰めます。

この「虫捕御用」と呼ばれた彼らのリーダーは田中芳男。29歳。国内外の物産の収集や研究を行う、幕府の開成所に勤める下級の役人でした。

彼らは何のために野山を駆け回っていたのでしょうか。

19世紀半ば、ヨーロッパは万国博覧会ブームのなかにありました。クリスタルパレス(水晶宮)が造られた1851年のロンドン万博を皮切りに、53年ニューヨーク、55年パリ、

62年には再びロンドンで万博が開かれました。62年のロンドン万博は621万人の観客が詰めかけました。

広大な敷地と最新の建造物。そこに世界各地の植民地から珍奇な文物を集めて展示する〝万博〟というイベントとその仕掛けは、それ自体がヨーロッパ文明の勝利の象徴だったのです。会場を訪れた人々は驚愕し、快感に酔いしれました。

67年に再びパリでの万博開催を計画していたフランス政府から、徳川幕府に対してパリ万博への招待状が届いたのが慶応2年でした。それは正式な出品依頼だったのですが、出展にあたってフランス政府はひとつの条件をつけました。日本に生息する昆虫などの標本を持参することです。

のどかに山野を駆け回っているように見えた芳男たち「虫捕御用」は、パリ万博参加のために、今までの日本人が経験したことのない標本作りにチャレンジしていたのです。

当時の日本には昆虫標本はもちろん、虫を捕る道具も、捕獲した虫を箱に固定する虫ピンもありません。芳男たちは相模（神奈川県）、伊豆・駿河（静岡県）の3国を駆け回り、なんとか桐の組箱50箱ばかりの標本を作りました。これらを船に積み込んで、芳男がパリに向けて横浜を発ったのが、慶応2年11月。幕府が仕立てた特別の船ではなく、芸子や職人たちと相乗りの船でした。芳男はほんとうに無名の、幕府の下級役人にすぎなかったの

田中芳男の肖像（国立科学博物館提供）

です。

田中芳男は天保9（1838）年、医者を営む田中家の三男として、飯田町（飯田市中央通り二丁目）に生まれました。飯田町ではありますが、飯田藩ではなく、榑木《くれき》山の支配を任された美濃国久々利（岐阜県可児市）の旗本千村平右衛門が飯田に置いた屋敷（千村役所）でした。

父隆三は長崎に留学、最新の西洋科学書を持ち帰りました。芳男は幼年期に『解体新書』をはじめ、『解体発蒙』（解剖書）、『遠西観象図説』（天文書）、『華夷通商考』（西洋地誌）などを読破しています。

当時、芳男が住んでいた飯田町には、日本で初めて彩色のキノコ図鑑や植物図鑑を著した市岡智寛《ともひろ》・嶢智《たかとも》父子、世界地図を描き、地球儀を教材に寺子屋で授業を展開した座光寺村の庄屋北原因信《よりのぶ》、そして国学者の松尾多勢子《たせこ》や北原稲雄《いなお》がいました。芳男はさまざまな学問の息吹を全身に浴びながら育ったのです。

幼い芳男を取り囲んでいた文化的な豊かさは、飯田町に起因すると思います。当時、飯田町は東西南北の街道が交差する交通の要衝でした。2万石に満たない小藩ながら、中馬《ちゅうま》などの交易で豊かな文化が花開いていました。飯田というすぐれた風土が、田中芳男を育むゆりかごの役割を果たしたのです。

もうひとつ、忘れてはならないのが飯田から近い名古屋の存在です。安政3（1856）年、19歳で名古屋に留学する芳男を待っていたのが、シーボルトに学び、当時、最も先進的な博物学の知見を持っていた尾張藩御典医《ごてん》の伊藤圭介でした。

幕府の近代化にとって西洋の物産の研究が欠かせないと考えた勝海舟が、白羽の矢を立てたのが伊藤圭介。文久元（1861）年、幕府直轄の洋学研究機関であった蕃書調所《ばんしょしらべしょ》（63年から開成所に改称）の物産学出役に召集された圭介に従って、芳男は幕府に出仕することになります。

日本に博物館を

慶応2年というのは、倒幕の動きが加速し始めた時期です。

1月に坂本龍馬の斡旋で薩長同盟が成立。7月には第二次長州征伐が始まりますが、翌月将軍家茂の急死によって軍征が中止されました。薩長を中心とした志士たちは京都を舞台に暗躍し、それを阻止しようとする新選組などと衝突、京の巷《ちまた》は血に染まっていったのです。

ところが、そうした最中にも「虫捕御用」は野山を駆けめぐり、昆虫や石や木を集めていました。幕末や明治の英雄たちの物語からは想像もできない地味な姿です。しかし彼らのチャレンジは、やがて西洋の文物、特に植物や動物、物産、技術を取り入れるために、かけがえのない成果をもたらすようになります。西洋の技術を日本の風土に巧みに当てはめ、育てることで、人々の生活は豊かになっていくのです。

例えば同じ慶応2年、芳男は西洋からもたらされた平果（アップル）の樹を、日本で初めて、和リンゴに接ぎ木しました。平安時代に日本に伝来したといわれる和リンゴは、現代の私たちが食べている洋リンゴとは種が異なるため、食用には適さず、鑑賞用あるいは供物として作られていたようです。

芳男の接ぎ木チャレンジが成功したことで、リンゴは日本において、果物として愛される存在になりました。今、長野県が誇る信州のリンゴ栽培は、芳男たちの努力によって生まれたのです。志士たちのような華やかさはなくても、社会を変えるとても大切な試みだったと思います。

芳男はリンゴ以外にもたくさんの植物の改良普及に努めました。ビワやキャベツ、オリーブやコーヒーの栽培にもチャレンジしています。野山の産物を見つめ、採集して歩く「虫捕御用」が芳男の原点であり、彼にとっての明治維新だったといえるでしょう。

翌慶応3（1867）年、昆虫標本を携えてパリ万博に出向いた芳男は、その後の人生を決定づけるものと出会います。「ジャルダン・デ・プラント」――パリ近郊に作られた自然史博物館です。

博物館というと、文化財や美術品を集めて展示しているようなイメージがありますが、芳男が見学したジャルダン・デ・プラントには、そうした博物館のほかに、植物園、動物園、図書館などが併設されていました。芳男はその見事さに感動しました。同時に、本当の博物館とはこれらの施設が全て整ったものでなければならず、そうした総合的な博物館を日本に作り出すことが自分の使命だと考えるようになったのです。

その年の秋、1年ぶりに帰国した芳男を待っていたのは徳川幕府の倒壊でした。10月に大政奉還、12月には王政復古の大号令と続き、翌年1月には戊辰《ぼしん》戦争が始まります。4月に江戸城無血開城、5月上野戦争、そして6月には芳男が勤務していた開成所が新政府に移管されます。

上野戦争を間近に見た感想を後日、芳男はこう述べています。

「世の中はなかなか喧《やかま》しかったけれども、自分は引き受けた仕事をしておれば宜《よろ》しいので、矢張り物産所に関係した殖産興業の事を攷究《こうきゅう》したり、植物の栽培をやったりして、一向世間の事に携わらなかった。その年の五月、上野で戦争が始まった。その時なども、外に出れば危険であるというので、教授先生と共に物見で見ておったようなことであった」(『経歴談』より)

芳男は、自分が仕える幕府が倒壊する様子を傍観者のように眺めながら、黙々と植物の移植や改良に打ち込んでいました。「日和見《ひよりみ》」と非難されるかもしれませんが、命を賭けるものは幕府ではなく、フランスで心の奥底に灯《とも》された博物館建設の夢だったのでしょう。

旧開成所跡には洋学教育機関の大学南校(東京大学の前身)が設置され、芳男は明治3(1870)年、同校の物産局に出仕します。明治4年、明治最初の博覧会となる大学南校物産会を開催後、文部省に移り、明治5年5月、町田久成《ひさなり》らとともに「文部省博物館」の名で湯島聖堂大成殿で博覧会を開催しました。

オオサンショウウオや、宮内省が保管していた名古屋城の金鯱《しゃちほこ》、志賀島(福岡県)出土の金印などの古美術品のほか、回廊には遺跡出土品、化石、動植物標本、書画骨董《こっとう》、楽器、調度品、甲冑《かっちゅう》など、約620点が展示されました。

昇斎一景が描いた錦絵「元ト昌平坂聖堂ニ於テ博覧会図」（飯田市美術博物館蔵）

当初20日間の予定だった文部省博物館の会期は、あまりの人気ぶり（15万人来館）のため50日に延長され、閉会後も毎月1と6のつく日に公開されることになりました。これが日本における博物館の始まりとされています。現在の東京国立博物館の起源であり、芳男が「日本における博物館の父」と呼ばれるゆえんです。

この時の記念写真が残されています。芳男35歳、町田も同年。皆若いです。博物館が若かったころの熱気を感じる印象的な1枚です。

博物館は、その後、内山下町《うちやましたちょう》博物館（現在の帝国ホテル付近）を経て、明治15（1882）年上野に移転開館します。

何のための博物館か

博物館作りの夢に賭けた芳男でしたが、博物館を作ること自体が目的だったわけではありません。

彼の仕事は、果樹や農作物の改良、動物の飼育など、生物の姿を見つめ、そこからさまざまな生命の可能性や有用性を引き出すことが原点でした。つまり、人々の暮らしを豊かにするための農林水産業分野の発展を担っていたのです。農を勧め、産業を拓き、物産を富ませる人という意味を込めて、芳男は「勧農開物翁《かんのうかいぶつおう》」と呼ばれました。

芳男が揮毫《きごう》した書に「天賦之風彩《てんぷのふうさい》、

明治５年、湯島聖堂大成殿前での記念写真。前列右から２番目が田中芳男、１人おいて町田久成（飯田市美術博物館蔵）

固有之妙姿《こゆうのみょうし》、見而不嫌厭《みてけんえんならず》、用而無尽期《もちいてつくるきなし》」があります。「天から授かった姿は固有の面白い姿をしているので、見ていて飽きることなく、利用法も限りない」という意味で、「人それぞれに、生き物それぞれに、存在する意味、存在する価値がある」という信念が語られています。

芳男が幼いころ、父隆三は『三字経』と呼ばれる中国の児童用教科書の一節「犬守夜　鶏司晨　苟不学　曷為人　蚕吐糸　蜂醸蜜　人不学　不如物　幼而学　壮而行」を繰り返し語って聞かせていました。

「犬は夜を守り、鶏は晨（あした＝朝）を司る。いやしくも学ばざれば、なんぞ人となさん。蚕は糸を吐き、蜂は蜜を醸す。人学ばざれば物にしかず。幼にして学び、壮にして行う」と読みます。隆三はこの一節に続けて、「人たる者は、世の中に生まれ出たからには、自分相応な仕事をし、世のためになることをしなければならぬ」という意味で、これを懇々と語りかけていたわけです。

「虫捕御用」のリーダーとして、生き物を見つめ、それぞれに固有の価値と役割があることを説く芳男の考え方は、父隆三から教え込まれました。芳男自身も晩年「これが田中芳男一生の精神だった」と言い切っています。芳男にとって「人である」ということは、学ぶこと、社会に貢献することでした。この確信、信念を一生実践し続けた希有な人物だっ

芳男が揮毫した「天賦之風彩」の書（飯田市美術博物館蔵）

たことは確かです。

芳男が一生を賭けて打ち込んだ仕事は、天産物（動植物や鉱物など）に名前を付け、その一つひとつをさまざまな仲間（例えば爬虫類とか○○科の草木とか）に分類し、その有用性を見極め、評価し、尊ぶというものでした。『三字経』の一節は、まさに彼の人生の根底を流れ続ける原風景、原体験だったといえます。

芳男は、図画や標本によって多くの人々にわかりやすく伝える努力も惜しみませんでした。

例えば、明治24（1891）年に発行された芳男の代表的な著書『有用植物図説』は、全7冊（図画・解説各3冊、目録索引1冊）に及び、有用・有毒植物25種類1015種の全種について、色摺り木版画を載せています。描写は繊細で、しかも彩色の美しさは当時の本のなかでも群を抜きます。これは間違いなく、幼少期の自然に恵まれた飯田での生活と、「虫捕御用」として野山を駆けめぐった幕末の体験に起因しているといえるでしょう。

芳男は人々の生活を豊かにする上で有用な物産を集め、研究し、そこで得られた知見を広く多くの人に、博物館という手法で伝えようとしました。博物館というと「文化財（特に古美術品）の展示場所」というイメージがどうしても強く、芳男自身も文化財や骨董品の価値を見極める目利きの達人として、高価な骨董品を多数収集していただろうとも思われがちですが、そうではありませんでした。「博物館の父」と呼ばれた男は、実はその考えとは随分遠いところに立っており、「様々な標本をあつめておると、大変に骨董を集めておるように言う。物産のために標本を集めたのが、世間の人から見ると、それは骨董好きに見えた。それはエライ違いであって、私は骨董好きと見らるるのは迷惑であります」（『経歴談』より）と書き残しています。

しかし、こうした思いで芳男が集めた8万点近いコレクションは、関東大震災によって焼失してしまいました。もし、今これらの資料が残っていたら、新しい社会を作り出すためのたくさんのヒントがそこから得られたはずです。

芳男は20歳のころから亡くなる直前まで、「捃拾帖《くんしゅうじょう》」と呼ばれるスクラップブックを作っていました。引き札（チラシ）、広告、包装紙、名刺、果ては領収書から荷札まで、びっしり切り貼りしてあります。１００冊近くに及ぶ、なんとも不思議なこのスクラップブックは、「収集家（コレクター）田中芳男」の真骨頂ともいえる資料です。こちらは、東京大学総合図書館に93冊が現存しており、当時の世相を知る貴重な資料となっています。

生命を見つめる視点と思想

「私は鳥なき里の蝙蝠《こうもり》だ」。これは芳男が好んで使った言葉です。

直訳すれば、「優れた人のいないところでは、つまらぬものが幅をきかす」という意味です。もちろんこれは謙遜でしょうが、この言葉は芳男の人生を見事に言い当てていると思います。彼の人生は、誰もやったことのない分野、物事へのチャレンジの連続だったからです。

リンゴの接ぎ木、昆虫標本の作製、翻訳、動植物のわかりやすい図解、ビワやキャベツ、オリーブやコーヒーの栽培にも挑みました。そして博物館の創設。まさに、鳥なき里＝未開拓の分野へ挑み、道を拓こうとする先駆者、パイオニアでした。

幕末から明治維新という時代は、〝武〟によって、あるいは〝政治〟という手法によって新しい時代を切り拓こうとした人々はたくさんいました。その中の何人かは今でも、英雄的な扱いをされています。坂本龍馬や新選組、伊藤博文や大久保利通。最近では渋沢栄一や五代友厚なども人気です。しかし、田中芳男は生まれ故郷の飯田ですら、ほとんど知られていません。

宗教改革で知られるマルチン・ルターは「たとえ明日、世界が滅亡しようとも今日私はリンゴの木を植える」と言いました。〝武〟ではなく〝知〟によって、誰もが足を踏み入れたことのない〝里〟へ分け入っていこうとした芳男。それは、鳥よりももっと高く羽ばたくことができた「蝙蝠」ではなかったのでしょうか。

芳男は大正5（1916）年、79歳で亡くなります。野山にあるたくさんの産物を見つめ、採集して歩く「虫捕御用」、それが彼の原点であり、彼にとっての明治維新だったといえます。

ところで、芳男が打ち込んだこうした考え方や研究は広い意味で博物学と呼ばれ、世界を多様な生き物の共存する空間と捉える視点がありました。しかし、芳男が晩年にさしかかるころには、博物学はすでに時代遅れになっていました。博物学から枝分かれした生物学の大きな流れは、細胞や遺伝子レベルの研究となり、地球全体を多様な生命の織りなすひとつの共同体と捉える視点は薄れてきました。

ただ、私たちは毎日、細胞を見つめて生活をしているわけではありません。犬がいて猫がいて、桜が咲き菊が咲くなかで、気が遠くなるほどのたくさんの生命と触れ合い、支えられながら毎日が形作られ、豊かな意味あるものになっているのです。

21世紀に入り、西洋的な自然観が行き詰まってきました。「環境の世紀」とも呼ばれる今、生命を見つめる田中芳男の思想は価値あるものと思います。

（青木　隆幸）

「世界のシルク王」が描いた夢は

それは小さな工場から始まった

長野県立歴史館の所蔵品のなかに、印象的なイラストとアルファベット表記の文字でデザインされたラベルが多数あります。

これはかつて、日本の主要な輸出品だった生糸に付けられていた「シルクラベル」です。生糸を出荷する際、高品質の証として製造元別に付けられた「商標」で、工場ごとにオリジナリティーあふれるデザインを使用していました。生糸は輸出品でしたので、ローマ字で製造元の会社名が記されていたのです。

コレクションされているシルクラベルのなかで圧倒的に多い社名は「KATAKURA」です。明治の初め、長野県内で操業を始めた片倉製糸は、全国各地に工場網を広げ、日本一の規模を誇った製糸会社でした。

片倉製糸のシルクラベル。「KATAKURA」の社名に加えて、工場所在地もローマ字で表記されている（長野県立歴史館蔵）

「世界のシルク王」とも呼ばれた片倉製糸のストーリーは、明治の初めに創業した小さな製糸場から始まりました。どのようにして、日本一の製糸会社になっていったのでしょうか。

片倉の事業開始は、明治6（1873）年にさかのぼります。

豪農だった片倉家の当時の戸主は片倉市助でした。その市助が明治6年、諏訪郡川岸村（岡谷市）にあった家の前の小屋で10人繰りの座繰製糸を始めました。市助には長男の兼太郎を頭に、光治、五介（のち今井家養子）、佐一（のち兼太郎養子となり2代目兼太郎を襲名）の4人の男子がいました。創業当初、兼太郎は公職があったため、経営にはもっぱら次男の光治が当たっていました。

当初の製糸事業は規模も小さく、片倉家にとってまったくの副業でしかありませんでした。しかし、明治9年に市助から家督を受け継いだ兼太郎は、従来の慣習にとらわれず、進んで新しいことに挑戦しようという精神の持ち主でした。そのため、製糸業の将来を見通し、これを片倉家の本業とするため、新たな工場の建設を決意します。

明治11年、兼太郎は川岸村深沢の天竜川沿いの土地を選び、32人繰りの西洋式製糸工場を建設しました。工場を地名から「垣外《かいと》製糸場」と名付け、その年に開業しました。

垣外製糸場に先駆けて、兼太郎兄弟のいとこに当たる片倉俊太郎が明治9年、32釜の器械製糸場である一之沢社を同じ村の有志とともに立ち上げていました。垣外製糸場は操業を開始した明治11年7月、この一之沢社をはじめとする近隣の同業者とともに、共同出荷組合として深沢《みさわ》社を創設します。

翌12年1月には一之沢社を発展させて、共同出荷組合の開明社を創設しました。開明社には深沢社の加盟者に加え、川岸村、平野村（ともに岡谷市）方面の大部分の同業者が参加しました。信州の器械製糸の草創期、小規模経営ではとかく品質が悪くなりがちでしたが、開明社は共同で行う工程を取り入れ、品質を向上し、評判を高めました。

垣外製糸場は明治14年、片倉俊太郎経営の一之社を合併し、繰糸釜数を60釜としました。この後、片倉は一族を挙げて協力体制を整え、製糸業の経営に当たっていきます。

片倉製糸の快進撃

明治初期は、有力な輸出品である製糸の品質を高めていこうという機運が日本中で高まっていました。国主催で内国博覧会、県主催で共進会が開催され、各製糸場が製造した生糸が出品されては、品質を競い合いました。片倉の兄弟も自分たちが製造した生糸を、明治13（1880）年の第1回共進会に出品しています。

一族の製糸事業を統合した片倉家では、兼太郎を本家、光治を新家、いとこの俊太郎を新宅と呼んでいました。株の持ち分も、本家5分の2、新宅5分の2、新家5分の1と定めました。それぞれが家族総動員で事業の基礎を固めて、飛躍に向けての体制を整備しました。

開明社は次第に力をつけ、明治21（1888）年には長野県第一の結社に成長し、さらなる飛躍につながる新たな一歩、郡外進出に踏み出します。明治23年、松本市に48釜の松本製糸場を建設し、6月に操業を開始しました。次いで明治26年、川岸村の天竜川畔に360釜の大きな製糸工場を建設し始めます。この工場は翌27年に完成し、本家、新家、新宅の3家が協力して製糸事業に全力を注ぐべく、「三全社」

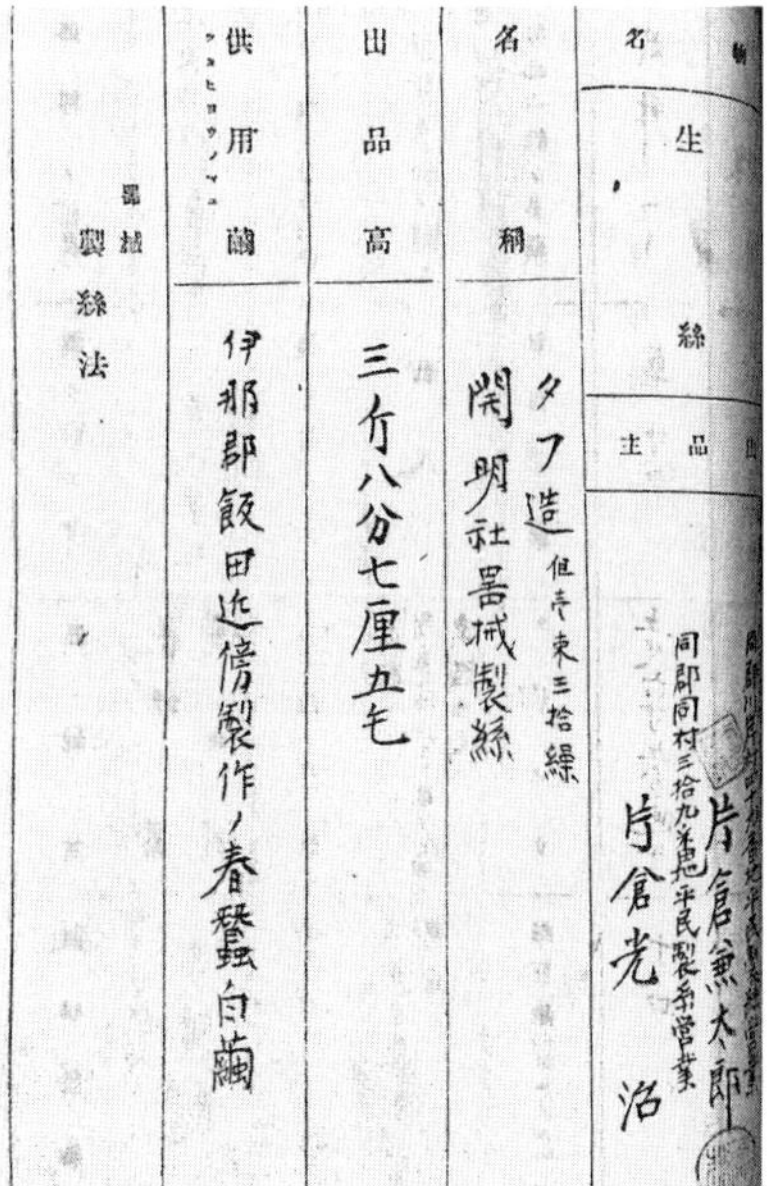
名 生糸 品主
片倉兼太郎
同郡同村三拾九番地平民製糸営業
片倉光治
名称 タフ造
開明社器械製糸
出品高 三斤八分七厘五毛
供用繭 伊那郡飯田近傍製作ノ春蠶白繭
器械製糸法

第1回共進会への出品申告書。片倉兄弟と開明社の名が見える（長野県立歴史館蔵）

と名付けられました。

このころには、垣外製糸場も160釜、松本製糸場も168釜まで増えていました。それら2工場と三全社を合わせると688釜となり、個人の経営する製糸事業所としては当時、日本最大規模、全国第一位の工場でした。

明治28（1895）年、これらの事業を統括するために、匿名組合「片倉組」を組織します。同時に中央進出を図るため、東京支店を設置しました。時代は日清戦争後の日本経済が発展、膨張していく時期でした。片倉組もこの波に乗り、事業を大いに拡張していきました。


片倉組は、長野県内で既存の製糸工場の買収や新設を進める一方、県内の繭不足に対応するため、県外へも活発に進出していきました。

まず、明治31年、東京千駄ヶ谷に32釜の器械製糸工場を新設しました。これが、片倉が長野県以外の地に進出した第一歩です。しかし、そこは3年しか操業せず、明治34年に埼玉県大宮に片倉組購繭所、大宮製糸場（50釜）として移転しました。

大宮製糸場はその後、大正5（1916）年、7万8000坪の広大な敷地に360釜を備えた片倉大宮製糸場として、現在のさいたま新都心駅前に移転。数ある片倉の製糸場の中でも代表的な工場となりました。

片倉組が県外に進出すると、諏訪地方の有力な製糸業者が次々と、大宮とその周辺に進出しました。北関東の養蚕地と生糸を積み出す横浜港との間に位置する大宮は、駅ができたことで輸送の利便性が高くなり、工場進出に適していたのです。

ちなみに大宮に進出した製糸会社は、大宮の街の発展において中心的な役割も担っていきます。片倉兼太郎の三弟・五介の息子で、片倉大宮製糸所の工場長だった今井五六は、昭和16（1941）年に初代の大宮市長を務めました。


明治末から大正時代にかけて、片倉は関東各地をはじめ東北、東海などに進出し、工場を建設していきます。これは、原料繭の確保とともに、輸出港である横浜の近くで生産することが狙いでした。原料繭を各産地から諏訪工場まで運び、さらに製品を諏訪から横浜まで輸送すると、大きなコストがかかります。それに諏訪には地形上、新たに大きな工場をつくる土地がありませんでした。労働力を得る上でも、県外進出は意義があったのです。

さらに片倉は大正8年、朝鮮の大邱《テグ》に240釜の大邱製糸所を設置、海外進出を果たします。大正9年3月、片倉組を継承する形で、片倉製糸紡績株式会社を設立。その事業規模は製糸場数18カ所、製糸釜数1万1937釜になっていました。

明治6年にわずか10人繰りの座繰製糸から発足した片倉の製糸業は、40年という短期間で大きな飛躍を果たしました。

大飛躍の背景

片倉が日本一の製糸工場であり得た理由は何でしょうか。

まず第一は、創業初期、組織を共同化して、品質の良い生糸に仕上げるために「共同揚返《あげかえ》し」を始めたことです。

小規模な製糸工場が大きく発展するきっかけのひとつは、「社」あるいは「組」という共同組織・製糸結社をつくったことにありました。

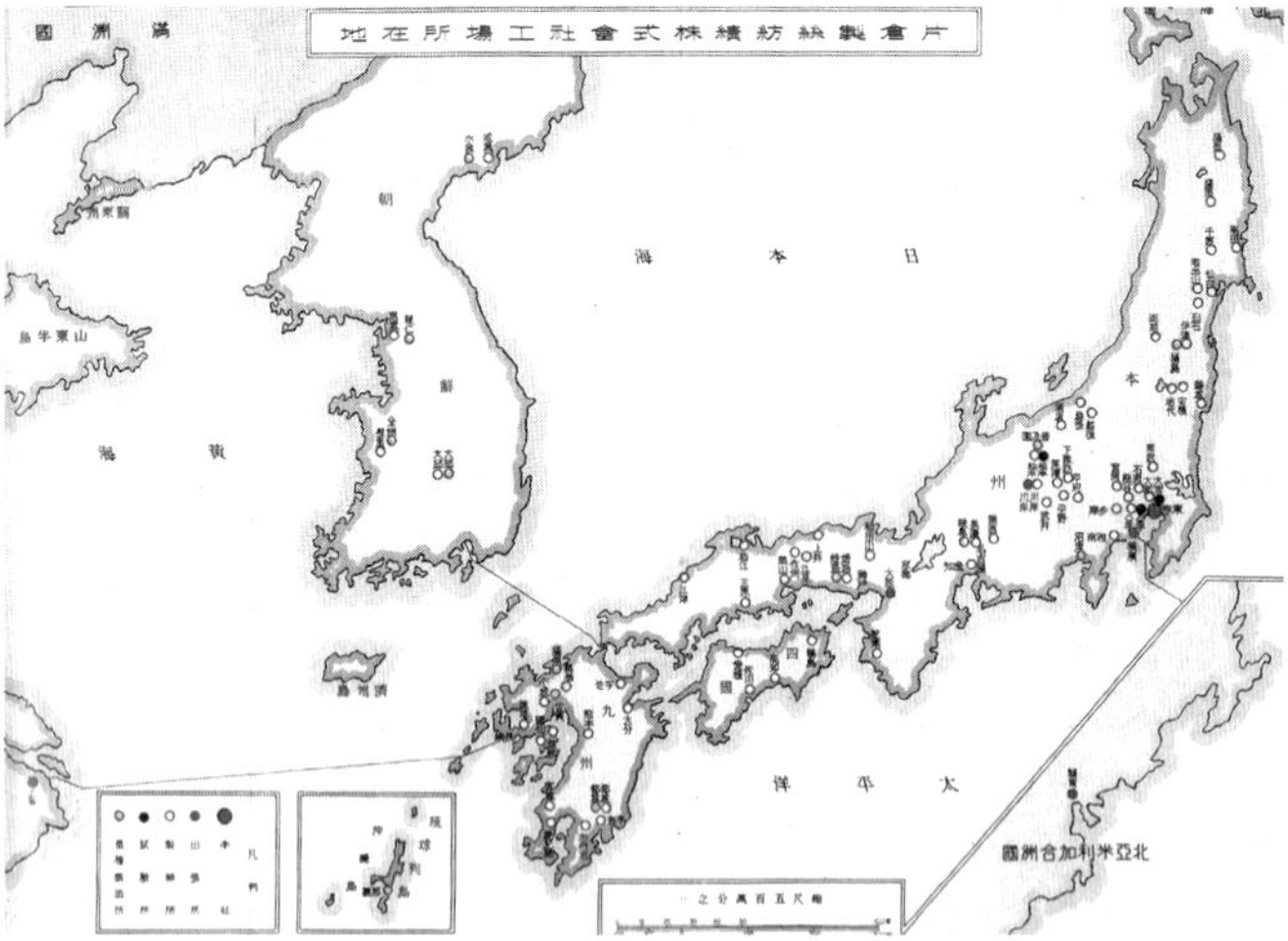

昭和16年発行の『片倉製絲紡績株式会社創立二十年紀念写真帖』に掲載された同社の工場等の所在地地図。日本全国と大陸、北アメリカにも進出している（国立国会図書館蔵）

県内外を含め、最初の製糸結社は明治8（1875）年5月、高井郡須坂町（須坂市）に設立された東行社でした。東行社も、最初は製糸家が10人未満・80釜前後でしたが、明治11年には各製糸場で生産された生糸の品質を統一し、良質の生糸に仕上げる共同揚返しを始めました。東行社は翌明治12年、社員60余人、釜数750釜を持つ社に成長しています。

揚返しとは、枠に繰り取った生糸を周囲1・5ｍの大枠に揚げ返して、綛《かせ》にする作業です。生糸は最初の小枠に巻き取っただけでは、出荷できません。生糸の表面にはセリシンというたんぱく質がついているので、小枠に巻いただけだと糸同士がくっついてしまい、売り物にならないのです。そこで、揚返しという工程が必要になります。この工程で、小枠から大枠に巻き直すことで、製品の出荷の規格にそろえられることと、糸のセリシンをしっかり乾燥させられるという利点があります。

繰糸した生糸は、揚返しの工程に加え、最後に取り扱いや運搬、使用時に便利になるように、束装、荷造などの作業を行います。束装は綛20本を1括とし、紙に包む作業、荷造は1俵が約60㎏になるよう、28～30括（22～24括）を袋に詰め、さらに通袋に入れて10俵（600㎏）を一荷口とする作業です。

輸出品、つまり国際商品である生糸は、品質が均一で、生産単位が大きいほど販売に有利でした。諏訪地方では明治10（1877）年、深沢社をはじめ「社」が相次いで結成され、明治12年になると片倉を中心に開明社が設立されました。さらに明治13年には、須坂の東行社に刺激を受けて、下諏訪町の白鶴社が共同揚返しを開始。片倉の関わる開明社も明治17年から共同揚返しを始め、各社も相次いでこれにならいました。

　その結果、明治13年、長野県の製糸業は先進地である群馬・福島両県を抜いて日本一になります。零細な製糸業者が「社」という経営組織をつくって規模を拡大し、出荷する生糸の品質を高めたことこそが原動力だったのです。


　次に経営を支える金融機関の協力が得られたことが挙げられます。

　生糸は生産価格の8割までが原料代でした。そのため、製糸業者にとっては原料となる繭を買い付ける資金の確保は、経営にとって最も重要な問題でした。

　明治初期、製糸業者は生糸問屋から融資を得て経営を行っていました。当時の銀行は、生糸価格の不安定さから、製糸業者への融資、製糸金融には消極的でした。明治15年には生糸価暴落によって、多くの製糸業者が没落。さらに、同年ヨーロッパで恐慌が起こって生糸需要が落ち込み、これに大蔵卿松方正義が推進した財政政策で起こった激しいデフレーションン、いわゆる松方デフレが追い打ちをかけました。

片倉も例外ではなく、大打撃を受けます。その打撃を挽回するため、兼太郎は先祖伝来の土地を担保にして、上田町（上田市）に本店を持つ第十九銀行（後の八十二銀行）に融資を申し込みました。

この交渉に当たったのは当時22歳の片倉家の四男佐一、そして第十九銀行で対応したのは後に頭取となる黒澤鷹次郎でした。

片倉側の願いは、当時のお金で1万円という破格の融資をかなえることでした。第十九銀行の資本金は、そのころ増資したとはいえ20万円。黒澤は佐一を見込んで、この融資の申し込みに応じます。経営を支える金融機関を後ろ盾に得た片倉は、倒産の危機を乗り越え、これ以降、破竹の勢いで発展していきます。同時に、第十九銀行は片倉と役員を交換し合うなど関係を深めて相互に繁栄を図り、製糸金融機関として大きな発展を遂げていくことになるのです。

第三には、質の良い繭の確保のために「一代交雑種」を導入したことが挙げられます。輸出する生糸の品質向上を図るために、繭の品質統一とその改良が課題となっていました。

明治時代にはすでに、優良な繭を生産する方法として、中国産の蚕種と国産の蚕種を掛け合わせた一代交雑種が有効であることが知られていました。この品種は、繭が重く、手間もかかりますが、糸の量が多くなるという利点がありました。

この一代交雑種が本格的に普及するのは、大正3（1914）年に片倉製糸松本工場長の今井五介（兼太郎の三弟、今井五六の父）が「大日本一代交配蚕種普及団」を設立してからです。普及団が製造した病気に強く品質が良い一代交雑種を、東筑摩地方の養蚕家に無償で配布しました。片倉の目的は生糸の生産に用いる蚕種の統一をはかることで、この事業の結果生まれたのが「特定養蚕組合」です。

片倉は養蚕農家を支配下に置き、糸質の向上、品質の統一をスローガンにして、全国各地に特定組合を増やしていったのです。片倉で用いる繭の質が高まることで、生産される生糸の品質はより安定し、片倉の生糸の評判はさらに高まることになりました。

さらに片倉は、率先して繰糸機の合理化に取り組みます。日露戦争当時の明治37（1904）年、今井五介は御法川直三郎《みのりかわなおさぶろう》が発明した多条操糸機に着目しました。繰糸の効率を高めるには、繰り取る速度を速めるか、生糸を巻き取る小枠の数（条数）を増やすかの、どちらかしかありません。御法川は巻き取り速度を遅くして条数を増やすことで、効率的な繰糸を目指しました。

今井は、御法川式多条繰糸機の完成と実用化に向けて、積極的に協力します。大正10年には、片倉の大宮・石原両製糸所に「御法川式多条繰糸機」を試験的に設置して研究を進めました。

そのころ、生糸の輸出先は、第一次世界大戦を経て、ヨーロッパからアメリカに移っていました。当時、アメリカではシルクストッキングが大流行しており、アメリカ絹業者は、高速化した力織機や撚糸機に耐えるような、太さが均一で強伸力のある生糸を要求していました。御法川式多条繰糸機はその要求に応えられるもので、ムラのない高品質の生糸を製造しつつ、さらに効率の面でもひとりで20本もの糸を同時に繰ることができたのです。

この多条繰糸機の導入は、品質の向上とともに、効率を飛躍的に上げ、製糸業界の産業革命というべきできごとでした。片倉の各工場は旧来の機械を、次々と御法川式多条繰糸機に取り換えていきました。御法川の研究開発を支えた片倉製糸は、最高級格生糸を一時独占的に生産し、この糸は「カタクラ・ミノリカワ・ローシルク」と名づけられ、高級生糸としてアメリカで高く評価されました。

長野県内では昭和4（1929）年9月、他の工場に先駆けて片倉松本製糸所に、御法川式多条繰糸機を導入しました。多条繰糸機の技術はさらに高められ、昭和8年には自動繰糸機が開発されます。

釜で繭を煮て糸を取り出してから、数粒の繭の糸を合わせて集緒器を通し、撚（よ）り合わせて1本の糸にする「繰糸」。1人で2本の糸を繰る二条繰糸機（右上・長野県立歴史館蔵）、4本を繰る四条繰糸機（左上）、20本を繰る御法川式多条繰糸機（下・ともに岡谷蚕糸博物館蔵）

このように、片倉製糸の大きな発展は、組織的に進められたさまざまな合理化が土台にありました。もちろん、片倉家の経営判断によってのみもたらされたものではなく、そのもとで働いた多くの人々の努力の結果であることはいうまでもありません。製糸業の大きな発展と並行して、片倉は鉱山、農場、紡績、セメントなどの多角経営に乗り出し、次第に財閥の体を示すようになっていきました。

時代の荒波を越えて

昭和4年、世界恐慌の打撃を受け、生糸や繭が大暴落しました。日本の製糸業はほとんどアメリカ向けの生糸生産だっただけに影響は大きく、特に長野県経済界に与えた影響はきわめて深刻でした。

さらにその後、アメリカにおけるレーヨンなど人絹工業の驚異的な発展や、昭和13年に発明されたナイロンによって、アメリカでの生糸の需要は急激に減っていきました。昭和12年に始まった日中戦争によって国際関係は悪化し、生糸の輸出は激減。製糸業は国内需要のためにわずかに存続するに過ぎなくなりました。生糸生産が下降線をたどっていくなか、片倉は昭和14年、日本の近代製糸業のさきがけとなった富岡製糸場の経営を受け継ぎます。

片倉に経営が引き継がれる前に富岡製糸場を経営していたのは、原合名会社という会社でした。昭和初期、原合名会社は経営が傾いたのを機に、製糸事業を縮小した際、富岡製糸場を別会社、株式会社富岡製糸所として切り離しました。その会社の筆頭株主が片倉製糸でした。その後、株主総会での合意を経て、株式会社富岡製糸所は、片倉に合併されることになりました。実は片倉は、富岡製糸場が売りに出されるたびに応札していたもののいつも競り負けていたのです。片倉にとって、日本の近代製糸業発展のさきがけ・象徴である富岡製糸場の取得は、創業初期からの夢のひとつが叶ったとも言えるでしょう。

太平洋戦争が始まると、製糸場は軍需工場となり、飛行機の機体や部品の下請け工場となりました。その影響で、片倉の社名も片倉製糸紡績株式会社から片倉工業株式会社と変わります。昭和20年の敗戦時、長野県岡谷地方の製糸工場は8工場に過ぎず、全盛期の7分の1に落ち込んでいました。

敗戦によって、片倉工業の海外資産はすべてなくなってしまいました。製糸業にとどまらず、多角経営により規模を拡大していた片倉工業は戦後、県内出身の企業として唯一、財閥解体の対象となったのです。

その後、片倉工業は経営の軸足を製糸業以外に移し、現在も続いています。

蚕糸研究から派生した医薬品事業や、繰糸機製造のノウハウを生かして機械関連事業、さらには製糸工場のあった広大な敷地の有効活用を図って不動産やショッピングモール事業にも活路を見出しました。松本製糸場跡地は現在、大きなショッピングモールの敷地になっていますし、JR大宮駅はじめ北関東や東北などに展開した工場跡地もさまざまに利用されています。

現在、さいたま新都心駅前にあるショッピングモール・コクーンシティの「コクーン（COCOON）」は英語で「繭」

平成29年にイオンモール松本がオープンした松本製糸場跡地（信濃毎日新聞社蔵）

の意味です。片倉工業が製糸業で創業、発展したことにちなんで名付けられました。また、片倉工業の大きな偉業として語られるのが、平成26（２０１４）年に世界遺産に登録された富岡製糸場を、平成17年に富岡市に寄贈するまで、管理維持し続けたことです。

かつて繁栄を極めた長野県の製糸業は衰退しましたが、長野県から発して日本をリードし、全国一を極めた片倉という会社の歴史の一端を心に留めておきたいものです。

（山田　直志）

野球に青春をかけた教師たち

野球は小学校から広まった

日本にベースボールが伝えられたのは明治5（1872）年、アメリカ人教師ホーレン・ウィルソンが第一大学区第一番中学校（開成校、後の第一高等学校）でボールを投げて打つことを教えたことに始まるとされています。明治6年には開成校で9人対9人の試合が行われ、早くも今の野球に通じるベースボールが行われていたことがうかがえます。

明治6年刊行の国語の教科書「小学読本」（文部省編）や「小学読本」（師範学校編）には、今の野球に通じる「タウンボール」（ベースボールの起源）が挿絵とともに紹介されています。長野県ではこの2冊の教科書を翻刻し、長野県版として出版しているので、県内の小学生には明治時代の早いうちから「タウンボール」の情報が伝わっていたことになります。しかし、実際に子どもたちが「タウンボール」を行ったかどうかはわかりません。

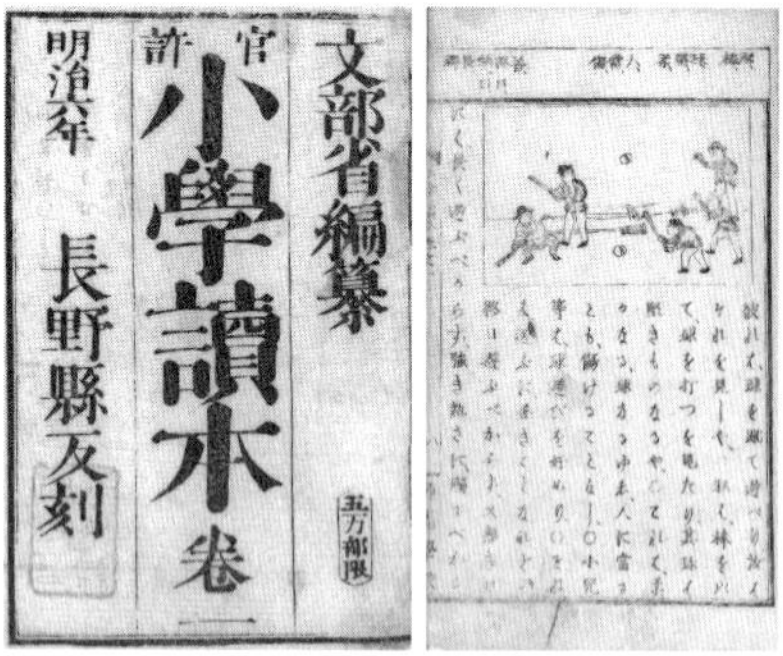

明治６年の小学読本（長野県翻刻）
（長野県立歴史館蔵）

県内で野球が行われたかどうかは、明治19（1886）年9月付の『長野県師範学校費用明細表』の「戸外遊戯器械ベースボール壱組　金弐円五拾銭」の記載を待たねばなりません。

明治時代、長野県において野球の普及に重要な役割を果たしたのが、小学校の教師たちです。

教師を養成する長野県師範学校は明治14年以来、学生に体育を教える教師を東京の体操伝習所から受け入れていました。体操伝習所は明治11年に東京神田に設立された体育教員の養成機関で、正課時間外にベースボールを行っていたようです。

体操伝習所出身の教師たちがベースボールを指導したのは、明治22年に長野県尋常中学校で午後1番に、明治25年には長野県尋常師範学校で昼休みに、と記録されています。県師範で教えを受けた若き教師たちがそれぞれ県内の学校に赴任し、小学生たちに熱心に野球を指導して広めていったことが、残された学校日誌などから読み取ることができます。

明治27年　諏訪郡湖南尋常小学校　校長がベースボールを教える

明治30年　岩村田尋常小学校　ベースボール大会開催
明治31年　山辺尋常高等小学校　太田水穂が県師範同期の島木赤彦が勤務する池田学校（池田会染尋常高等小学校）へ野球の遠征
　同年　赤穂尋常高等小学校　4月、県師範卒の宮脇音光が硬式ボール1個・キャッチャーミット1つ・丸太棒を細工したバットを用いてベースボールを教える
　同校　5月、県師範同期生の福沢某が赴任した伊那町の学校へ遠征

明治35（1902）年5月27日付の信濃毎日新聞には、南北佐久連合球技運動会での野球記事が載るなど、盛んに野球が行われていたことがうかがえます。北佐久郡大井尋常小学校では明治29年、皮ボール（硬式ボール）が危険であるとして養護規定に「ベースボールは禁ず」という条項を設けています。

中等学校野球の受難と開花

旧制中学校（現在の高校）はどのような状況だったのでしょうか。

明治28（1895）年に第1号が発行された長野県尋常中学校（後の松本中学校、現松本深志高等学校）の校友会雑誌「校友」は、第1～3号に東京・横浜・金沢でのベースボールに関する記事を掲載しました。これを受けてか、明治29年の「校友」第4号には同校にベースボール部が創部されたことが書かれています。

さらに明治30年には、長野県尋常師範学校（後の長野県師範学校、現信州大学教育学部）、明治32年に長野中学校（現長野高等学校）と諏訪実科中学校（後の諏訪中学校、現諏訪清陵高等学校）、明治33年に上田中学校（現上田高等学校）と飯田中学校（現飯田高等学校）に順次、野球部が発足します。特に上田中学校野球部の創部時に在籍した宮原清、櫻井弥一郎は、後に慶應義塾野球部に入り、宮原が第1回早慶戦の主将、櫻井が勝利投手となりました。このふたりはその後、日本野球界の礎を築いていきます。

長野県師範学校出身の教師により小学校で熱心に野球を指導された年代が中学生になっていく明治30年代、創部間もない中学校同士の試合が盛んに行われ、各校の校友会雑誌などに掲載されるようになります。さながら戦国時代の合戦を思わせる文面で武士道的な発想で試合に臨んでいた様子もうかがえます。

明治35年には長野県師範学校主催の県下中等学校連合運動会が開催されました。参加校は長野中学校、松本中学校、諏訪中学校、長野市立甲種商業学校（現長野商業高等学校）、

明治 35 年の松本中学野球部（松本深志高等学校野球部 OB 会 宮澤和夫氏蔵）

郡立上伊那甲種農業学校（現上伊那農業高等学校）で、種目は野球に加え、庭球、弓術、撃剣、柔道などでした。

野球が急速に広まりを見せていく背景には、野球が当時、教師の号令によって整然と行われた体操などとはまったく異なったものだったことがあるでしょう。初めは武士道的なものだったかもしれませんが、大いに楽しむ運動として受け入れられていったと考えられます。しかし、明治37～38年の日露戦争を境に、小学校や中学校で武術を奨励する機運が高まりを見せ始めます。

例えば明治41年、静岡中学校（現

静岡高等学校）はそれまで野球・庭球・弓術・撃剣・柔道のうちからひとつ修習すればよかった運動が、撃剣・柔道を正課同様の必修とする武術奨励を基本に据えています。

武術の奨励を進める社会機運の象徴的な出来事として、明治44年8月29日から、東京朝日新聞に「野球と其の害毒」の連載があります。いわゆる「旧制一高」である第一高等学校（現在の東京大学教養学部などの前身）の校長新渡戸稲造をはじめ、各界著名人や教育家らにより徹底的に野球批判が繰り返されました。

特に新渡戸稲造は「巾着切の遊戯　相手を常にペテンに掛けよう、計略に陥れよう、塁を盗もうなどと眼を四方八面に配り神経を鋭くしてやる遊びである。故に米人には適するが英人やドイツ人には決して出来ない。かの英国の国技たる蹴球のように鼻が曲がっても顎骨が歪んでも球に齧り付いているような勇剛な遊びは米人には出来ぬ…」などと評しています。

これに対し、野球を擁護する立場から、当時の早稲田大学野

●野球と其害毒

近年野球の流行盛なるに從ひて弊風百出し青年子弟を誤ること多きを以て本紙は屢其眞相を記して父兄の參考に供する所ありたり然るに野球に狂せる一派の人々は本紙の記事が己に便ならざるを以て種々卑劣なる手段を以て本社に妨害を爲し或は當該記者に對して迫害を加へんとす然れども本社が青年の前途に對する忠實なる態度は此に依つて益切ならざるを得ず並に數名の記者を派して教育に關係ある先進の公平なる意見を聞き以て最後の斷案と爲さんと欲す

▲新渡戸一高校長談

▽野球は賤技なり剛勇の氣無し
▽日本選手は運動の作法に暗し
▽本場の米國既に弊害を嘆ず
▽父兄の野球を厭へる實例

私も日本の野球史以前には自分で球を縫つたり打棒を作つたりして野球をやつた事もあつた野球と云ふ遊戯は惡く云へば

▲巾着切の遊戯

相手を常にペテンに掛けよう、計略に陥れよう、壘を盗まうなぞ、眼を四方八面に配り神經を鋭くしてやる遊びである、故に米人には適するが英人や獨逸人には決して出來ない、彼の英國の國技たる蹴球の樣に鼻が曲つても顎骨が歪むでも球に噛付いて居る樣な勇剛な遊びは米人には出來ぬ、一體日本の野球選手は作法を知らぬ、昨年早稲田であつたかと思ふが輕井澤で外人と試合をして審判上の紛擾から應援家と或る一選手が云つた、すると外人は非常に怒つて應援家とは何事であると其儘試合は中止になつた、米國では應援家と云はゝ事は泥棒と云はふゝと同じであるのだ

▲野球選手の不作法　是は

ソの一例に過ぎぬが何處の學校の野球選

明治44年8月29日付の東京朝日新聞に掲載された「野球と其の害毒」の記事
（日本新聞博物館蔵）

球部長安部磯雄らが同年9月1日より東京日日新聞に「学生と野球」を連載し、野球擁護論が展開されました。

このような状況下、「野球と其の害毒」が連載された約1カ月後、秋田県では「ベースボール取締に関する通達」が県下学校長に発せられ、野球及びテニスの対抗戦や対校試合を行う場合には事前に知事の許可が必要としました。その理由は、野球には我が国固有の「礼」の観念がなく、「学徳劣等」「勝敗にのみ熱中」「粗暴過激に陥る」からでした。

厳しい時代の信州野球

長野県内の野球事情も、厳しい時代を迎えます。長野県版「野球弊害論」が展開され、野球が目玉競技として行われた長野県師範学校主催の県下中等学校連合運動会が、大正3(1914)年を最後に中止となりました。

さらに大正12(1923)年から昭和5(1930)年の8年間は、県立中等学校校長会の申し合わせで、全国大会へ通じる大会への参加が禁止されるなど、野球関連の大会が中止されていきます。また、グラウンドの占拠や学校の財政を理由に、大正4年には松本中学校で、大正15年には諏訪中学校で野球部が廃止となりました。

このような受難の時代を経験しながらも、大正時代から昭和時代初期にかけて、長野県の中等学校野球は全国屈指の強さを誇ります。

その背景は、長野県師範学校出身教師による熱心な野球指導の結果培われた、明治時代後半から大正時代前半までの中等学校野球の実績に加え、製糸業を中心に好況企業による支援が大きな要因と考えられます。また大正12年以降、全国大会への出場が可能であった3校（長野商業、松本商業、諏訪蚕糸）は、すでに全国レベルのチーム力を誇り、県立中等学校校長会の申し合わせによる全国大会参加禁止への反骨精神から、何としても全国大会へと、これまでの実績に加え、選手の補強、地元企業や後援

諏訪中學で野球全廢

大會に絶對不參加

校友會費の大部分を占領するとて

【上諏訪電話】諏訪中學校及び校友會では本年度から今夏中等學校の野球大會は勿論選手を養成して

他校と 野球試合を行はぬ事に決定したが古山校長は語る

校友會が研究した結果野球をするために校庭の大部分を占領され他の運動競技に非常に支障となること及び野球選手によつて校友會費の大部分を使用されるとは面白くないこの二つの

理由が 野球選手を出すことを中止した有力な原因となつたのである尚此外に上級學校に進むもの、勉强などから選手になることを一般の學生が嫌ふやうになつて來たことも事實でそれは彼等の作文の中に

選手が 校庭を占領することの及び校友會費の大部分を使用することは面白くないといふやうなことを併せて屢々發見された一つの現象です從つて本年度には縣下中等學校の野球大會にも其他の

仕合にも參加はせぬ譯である

上伊南部巡檢

竹下部長激賞

上伊那郡南部九ヶ村消防組大巡檢は十一日午前九時より赤穗小學校庭に於て擧行す [illegible]

諏訪中学の野球部廃止を伝える大正15年4月12日付の信濃毎日新聞（日本新聞博物館蔵）

大正11年、松本中学の松本城グラウンドで行われた長野商業対飯山中学の試合
（長野商業高等学校同窓会蔵）

会からの支援が大きかったと考えられます。

明治時代から昭和時代初期にかけて、長野県の養蚕製糸業が中心となって日本経済を支えており、製糸業は野球と深い関係がありました。戦前までは長野県の景気動向に、中等学校全国大会に出場した野球の成績が反映されていることがうかがえます。

たとえば松本商業学校（現松商学園高等学校）は、日本の製糸界に君臨していた片倉一族が学校全体の整備計画の中で、グラウンド整備を進めていました。諏訪蚕糸学校（現岡谷工業高等学校）は、片倉をはじめとする製糸業者の後援により、昭和4（1929）年のクリスマスから昭和5年の正月にかけて、台湾遠征を行っています。遠征時の様子が記録された8㎜映像が残っており、この遠征時に着用したユニフォームは生糸製でした。蚕糸王国長野県の中でも中心地だった岡谷を象徴するできごとです。

また、長野県独自の「M5」ボールの存在も見逃せません。大正7（1918）年に子どもたちの安全を考えた軟式ボールが京都で開発され、全国に普及しました。しかし、長野県は独自に、当時の中学生用硬式ボールよりも一回り小さい小学生用硬式ボール「M5」を運動具店に発注し使用していました。長野県高等学校野球連盟によって昭和42（1967）年に刊行された『長野県高等学校野球大会史Ⅰ』「座談会　草創期の思い出」のなかで、臼井達が「その頃全国でも珍しいと言われたのは小学校用特製5号ボールで一寸小さかったが皮ボールで、当県の為に運動具屋が特別造ったもので、相当小学校では野球が方言で言うと〝はやって〟いたと言えましょう。他県はゴムボールだなんて誇りにしていたものです。」との一文を残しています。他県では既に安全なゴムボール（軟式ボール）を使用していたにもかかわらず、長野県師範学校出身の教師たちと、熱心な教えを受けた子どもたちにとって、皮製ボール（硬式ボール）は自身の野球技術を磨くボールとして強い思い入れがあったのかもしれません。残念ながら現在まで、M5ボールの実物は発見されていません。

大正4年から始まる全国中等学校優勝野球大会（現全国高等学校野球選手権大会）の第2回大会から、長野県師範学校が出場。選抜中等学校野球大会（現全国高等学校選抜野球大会）は、大正14年の第2回から長野商業学校が出場しました。

全国中等学校優勝野球大会と選抜中等学校野球大会それぞれの昭和5年までの戦績を見てみましょう。

決勝戦に進出した回数は、兵庫県8回、広島県7回、和歌山県6回に次いで長野県は5回で、東日本においては突出した成績を残しています。

全国中等学校優勝野球大会
大正8年　長野県師範学校　準優勝
大正13年　松本商業学校　準優勝
昭和3年　松本商業学校　優勝
昭和5年　諏訪蚕糸学校　準優勝

選抜中等学校野球大会
大正15年　松本商業学校　準優勝

雪国かつ寒冷地である長野県は、上位3県に比べ野球を行う自然環境は決して恵まれていたとはいえません。しかも大正時代には、県内で野球弊害論が叫ばれていました。それでも野球が盛んだったのは、明治時代から大正時代にかけて長野県師範学校から巣立った小学校教師が熱心に県内の子どもたちに野球を広めたこと、蚕糸業による経済的豊かさによる道具の普及やグラウンド整備が進められたことなどが、大きな要因だと考えられます。

明治20年代以来、小学生を含めた学生スポーツとして日本人に愛されてきた野球も、日清・日露戦争から太平洋戦争の敗戦まで、軍国主義化する社会に巻き込まれていきました。東京朝日新聞によって野球害毒論が展開され、それと表裏一体で、武術が奨励されたのはそのためです。

昭和17（1942）年夏の大会は、朝日新聞

昭和３年、第 14 回全国中等学校優勝野球大会で優勝した松本商業（松商学園高等学校蔵）

社主催の「全国中等学校優勝野球大会」ではなく、文部省と大日本学徒体育振興会主催の「大日本学徒体育振興大会」として開催されました。戦意高揚を目的に、国が主導したのはいうまでもなく、柔道や剣道などの競技のひとつと位置付けられました。この大会はそれまでの大会回数が継承されることはなく、優勝旗も使用されず、「幻の甲子園」と呼ばれています。

今なお「高校球児」たちは、明治時代以来の野球の歴史と伝統のなかに位置づけられています。高校野球、特に夏の選手権大会や春のセンバツ大会が、多くの国民に感動を伝えているのは、そのためかもしれません。

（西山　克己）

上田から広まった自由大学運動

原動力は不平等な選挙制度

日本の選挙制度は、明治22（1889）年に始まりました。大正14（1925）年、普通選挙制に移行するまで、満25歳以上の資産家の男性に選挙権を与えるというものでした。今では考えられない選挙制度だったのです。このため、国民の多数を占める非有権者らが、不公平な選挙制度の改正を求め、全国で決起したのが普通選挙運動でした。

この普通選挙運動や社会主義運動、労働運動に自由教育運動などが高揚した大正時代。大正デモクラシーとは、民主主義的で自由主義的な風潮が顕著に表れた時代を指す用語でした。

大正9（1920）年10月2日に上田劇場において、「皆が平等に暮らせる社会の実現」を目的にした信濃黎明会が結成されました。この信濃黎明会で修養部長となった山越脩《しゅう》蔵《ぞう》（1894〜1990）は、いずれ有権者となり得ることを見越し、「吾々国民が、選挙権を完全に行使出来るまでに成長し得るか甚だ疑問である。これは一朝一夕には解決の出来ない重大な問題である」との思いを抱きます。

山越の目指すところは、新潟県佐渡郡新穂村（佐渡市新穂）出身の哲学者、土田杏村《きょうそん》（1891〜1934）との往復書簡の中に読み取れます。土田は、日本を代表する哲学者の西田幾多郎《きたろう》門下で、哲学の入門書の著作者として知られていました。山越は書簡のなかで、哲学講習会を自主的に開催した経験を踏まえて、「広域の学問に接することで自己の潜在能力の多様性を知り、豊かな生活を体感できる。文化科学を学習することは、生業を営みながら、長期にわたり学び、校舎も時に無くとも、勉学の意志、来講される講師があれば大学教育の機関が運営される」と考えていたことがわかります。また、「選挙権行使に至るまでには、社会の風潮に流されず自身の責任で判断できるだけの教養を身につけることが新有権者には必要である」とも主張していました。

そのための基礎知識を得る場として、大正10（1921）年11月1日に開講したのが、信濃自由大学（後に上田自由大学へ改称）です。小県郡神川《かんがわ》村（上田市横町）伊勢宮境内の神職合議所を会場に、同志社大学教授恒藤恭《つねとうきょう》の「法律哲学」を講義として始まりました。

取り壊される前の神職合議所。自由大学はここで最初に開講した

自由大学運動に対する誤解

山野晴雄が編集した『自由大学運動と現代　自由大学運動60周年集会報告集』には、自由大学を聴講した人々の回顧録が収録されています。当時、農業に従事し、後に河野村（下伊那郡豊丘村河野）の村長となった胡桃沢盛《もり》が、信南自由大学（後に伊那自由大学へ改称）の講義を受講した折の日記が見つかり、『胡桃沢盛日記』として近年刊行されて話題になりました。また、信濃自由大学の講義を聴講したひとり、深町広子は「自由大学へ行ったことは、私にとって一生を左右することになりました。私は生きて行く

世の中で何が正しいか勉強して知る必要を覚えたのです」と、その意義を回顧しています。聴講者にとっても、自由大学の開講意義を強く感じていたことがわかります。

しかし、こうした聴講者の思いとは裏腹に、施設を持たずして自主的開講を貫く大学運営の難しさ、特に講師への謝礼金のやりくりなどが、常に付きまとっていたことも確かでした。それでも運営を続けたことで、当初から官権との対決を想定した過激思想や組織原則を持っていたとする誤った認識が一部の研究者に生まれたことも事実です。

信濃自由大学創立者のひとり、猪坂直一《いさかなおいち》（1897〜1986）は「自由大学の超越的立場は誰がどんな団体に関係し、どんな主義どんな行動に出ようと問題ではない」と語りました。創設者らは自由大学をあくまでも独立した教育機関と位置付け、その体制を貫き、その講義の意義を回顧しているのです。講義には、官権との対決を想定した教育プログラムが持ち込まれることはありませんでした。

講師となり、大学運営にも深くかかわった文学者、高倉輝《てる》（1891〜1984）もまた、「自由大学は最後まで、直接宣伝煽動を目的とする講義は行わなかった。当時、無産運動とかなり密接な関係を持っていた波多野鼎君や、新明正道君や、また山宣（山本宣《せん》治《じ》）でも、自由大学では決して扇動的な講義をしなかった」と、あくまでも人間形成の上で、物質的な豊かさよりも〝哲学を根拠とする〟基礎教育の重要性を認識して講義をしています。その講義とは、自己の行動を束縛したり、特定思想に向かわせることではなかったのです。

広がる自由大学

大正12（1923）年の春、猪坂ら信濃自由大学関係者のもとに下伊那郡飯田町（飯田市）から来客がありました。同郡鼎《かなえ》村（飯田市）青年会の須山賢逸《けんいつ》らです。目的は、信南自由大学の創設に向け、自由大学創設趣旨や講師役、経緯などを聞き、意見を交わすことでした。この時、高倉輝は社会運動家の山本宣治（1889〜1929）を講師役に紹介しています。

須山と山本との往復書簡からは、信南自由大学創設の目的や開講の経緯がわかります。開講にあたっては、労働者の知的向上を図るという土田杏村の「プロレットカルト論（プロレタリア文化運動）」が前面にありました。しかし、「現在の教育が凡て一部階級の自家擁護の具となりつつあり、それがために学問の独立すら無視されつつある事に対して立ったプロレットカルト的内容を持つ」とする須山は、労働に従事しながら、生涯にわたり学習することができる、民営の教育機関を目指そうとしたのです。

土田の「労働しつつ学ぶ事が教育の本義である」とのことから、「あらゆる団体、あらゆる傾向のもの」も参加できる民間の生涯学習教育機関であるべきで、大正10年11月に開講した信濃自由大学とは異なるものであるとはっきり記述しています。

そして大正13年1月8日、信南自由大学は、山本による「人生生物学」の講義を皮切りに開講しました。

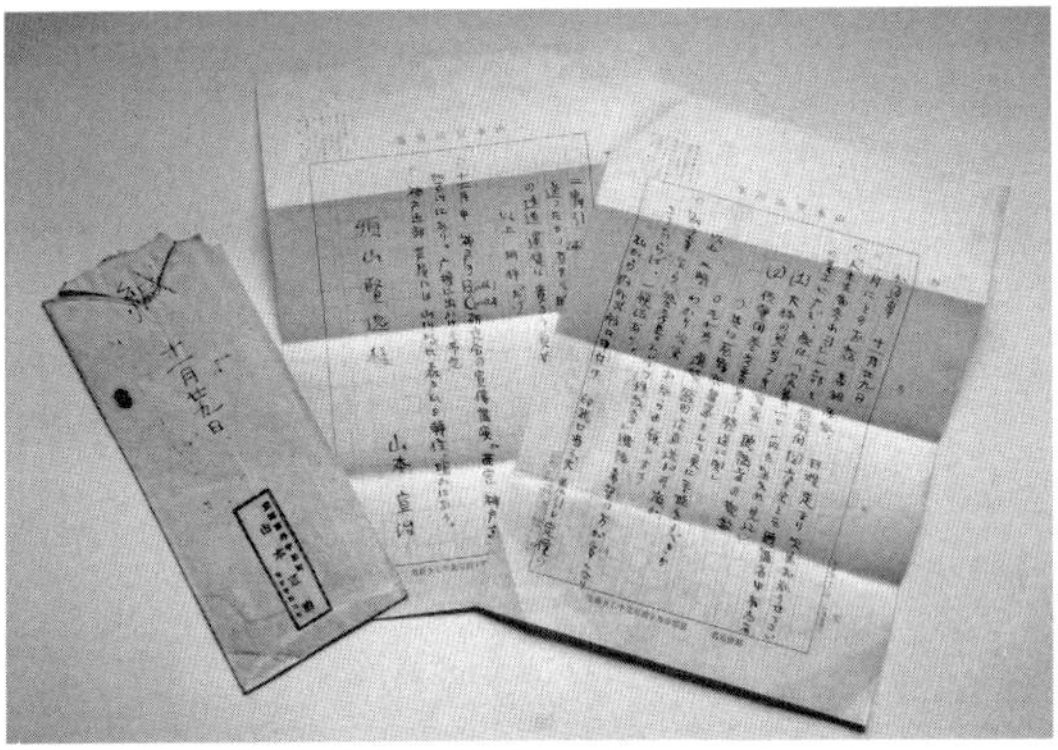

山本宣治が須山賢逸に宛てた書簡（個人蔵）。２人の往復書簡から信南自由大学の創設経緯が明らかになった

今日の物質文化がもたらす豊かさからすれば、一般国民にとって、大正デモクラシー終盤から戦時体制下終息に向かうまでの期間は、混沌とした暗い世情であったかもしれません。しかし、上田と飯田に開講した自由大学の創設経緯を見ると、当時は手を伸ばせば届くところに、「国民世論こそが国家を形成する」と信じることができる理想社会があったこと、その理想社会を夢見て、それに向けて実践できた時代であったことがわかります。

上田で興った自由大学運動は国内外で反響を

学期	開講年月日	日数	講師	講座	聴講者数	会場
1	1921. 11. 1	7日間	恒藤恭	法律哲学	56名	上田市横町神職合議所
	1921. 12. 1	6日間	高倉輝	文学論	68名	
	1922. 1. 22	7日間	出隆	哲学史	38名	
	1922. 2. 14	4日間	土田杏村	哲学概論	58名	
	1922. 3. 26	2日間	世良寿男	倫理学	35名	
	1922. 4. 2	5日間	大脇義一	心理学	31名	
2	1922. 10. 14	5日間	土田杏村	哲学概論	44名	上田市横町神職合議所
	1922. 11. 1	5日間	恒藤恭	法律哲学	47名	県蚕業取締所上田支所
	1922. 12. 5	5日間	高倉輝	文学論	63名	
	1923. 2. 5	5日間	出隆	哲学史	50名	
	1923. 3. 9	5日間	山口正太郎	経済学	34名	
	1923. 4. 11	5日間	佐野勝也	宗教学	34名	
3	1923. 11. 5	6日間	中田邦造	哲学概論		県蚕業取締所上田支所
	1923. 11. 12	5日間	山口正太郎	経済思想史		
	1923. 12. 1	5日間	高倉輝	文学論		
	1924. 3. 22	5日間	出隆	哲学史		
	1924. 3. 27	5日間	世良寿男	倫理学		
	1924. 4. 1	5日間	佐野勝也	宗教哲学		
4	1924. 10. 13	5日間	新明正道	社会学（概論）		上田市役所
	1924. 11. 3	5日間	今中次麿	政治学（国家論）		
	1924. 11. 21	5日間	金子大栄	仏教概論		
	1924. 12. 10	5日間	高倉輝	文学論		
	1925. 3. 21	5日間	波多野鼎	社会思想史		
	1925. 3. 26	5日間	佐竹哲雄	哲学概論		
5	1925. 11. 1	5日間	新明正道	社会学	21名	
	1925. 12. 1	5日間	高倉輝	文学論（フランス文学）	30名	上田市役所
	1925. 1.		谷川徹三	哲学史		
	1926. 2.		中田邦造	哲学（西田哲学）		
	1926. 3.		金子大栄	仏教概論		
	1926. 3. 22	5日間	松沢兼人	社会政策		上田市役所
再建1	1928. 3. 14	3日間	高倉輝	日本文学研究	60名	上田図書館
	1928. 11. 19	3日間	三木清	経済学に於ける哲学的基礎	25名	上田市海野町公会堂
再建2	1929. 12. 6	4日間	高倉輝	日本文学研究	28名	上田市海野町公会堂
	1930. 1. 24	3日間	安田徳太郎	精神分析学	44名	

信濃自由大学の講座（山野晴雄『自由大学運動と現代　自由大学運動60周年集会報告集』より作成）

呼び、各地域に波及しました。大正期、長野県内に開講した自由大学は、信南自由大学をはじめ、上伊那自由大学（大正13年9月）、松本自由大学（大正14年1月）と続きます。また、県外でも東京市民自由大学、魚沼自由大学（新潟県北魚沼郡堀之内村）と八海自由大学（同南魚沼郡伊米ヶ崎村）、東北自由大学、福島自由大学（福島県）、石巻自由大学（宮城県）、群馬自由大学（群馬県前橋市）、但馬自由大学（兵庫県）が開講し、東北、関西方面にも広がっていきました。

それぞれの自由大学における創立と理念は、信濃自由大学にならい、土田杏村の提唱した趣旨に重きを置きます。しかし、信南自由大学や後発の自由大学にしても、その創立の経緯は異なっていたと思われます。地域の特殊性や多様性を大学の講義内容に見出しながら発展した自由大学思想は、注目される存在となっていきます。

そうした思想は、世界成人教育協会を通して海外でも注目されました。昭和元（１９２６）年に発表された『世界成人教育協会会報三〇号（The World Association For Adult Education Bulletin XXX）』には、土田杏村の教育観と自由大学運動が先進的な試みとして紹介されました。

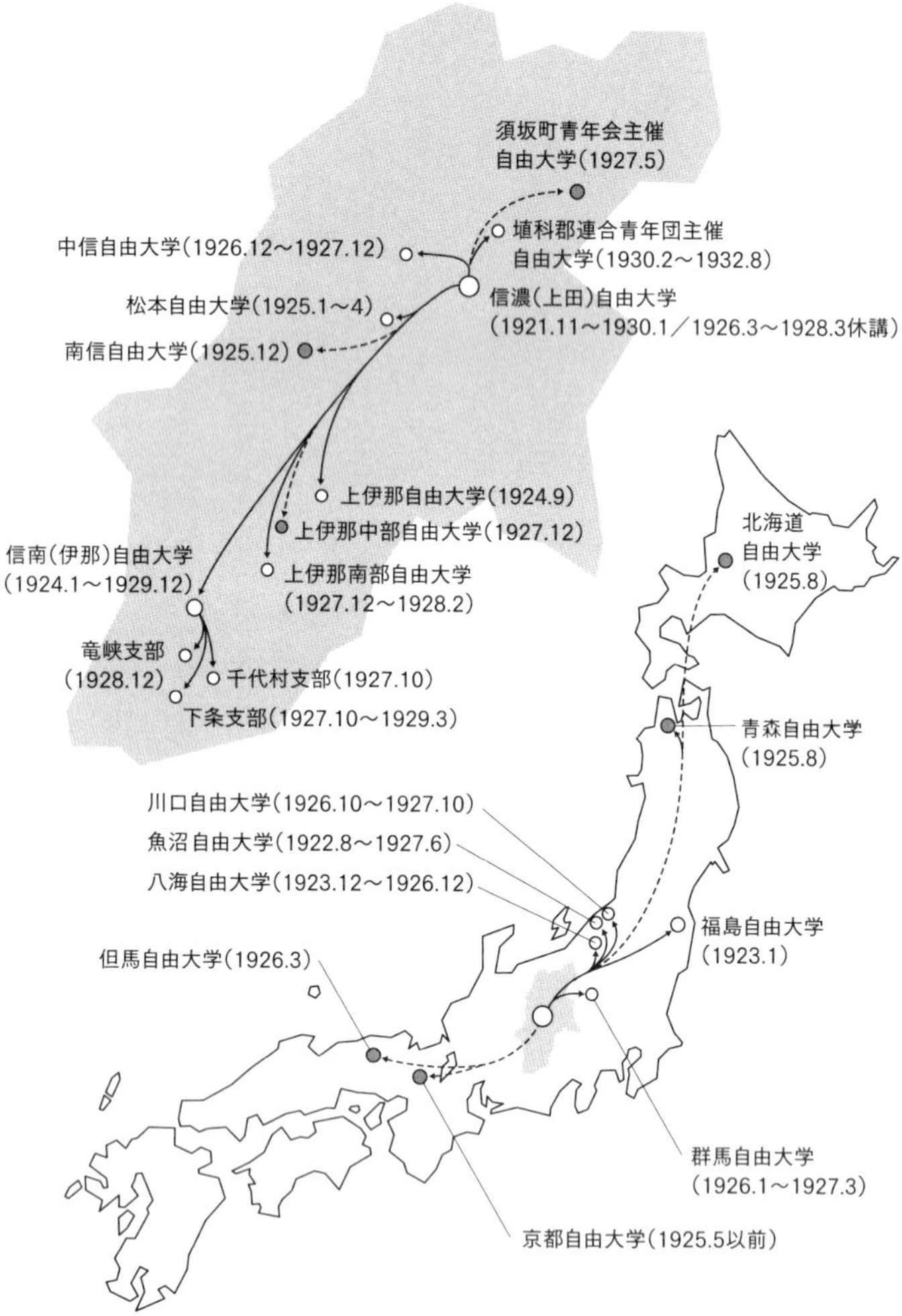

長野県と全国への自由大学運動の波及状況

プロレタリア運動への波及

小林多喜二が小説「蟹工船」を発表して80年目の平成21（2009）年、長野県俳人協会編『信濃句集』第41号に次の一句が掲載されました。

多喜二忌や　赤き表紙絵　兄の筆

この句は、船影を浮き立たせた赤い表紙がひときわ印象的な『蟹工船』の初版単行本を装丁した須山計一の実妹智佐恵が詠みました。この初版本は、昭和4（1929）年9月25日に、当時70銭で戦旗社から刊行されました。小林多喜二は『蟹工船』の発表後、昭和8年2月20日に治安維持法違反の疑いで検挙、拘引《こういん》された築地の警察署で絶命しました。29歳の時でした。「多喜二忌」に智佐恵が詠んだ句の「赤き表紙絵」は『蟹工船』の表紙画のこと、「兄の筆」は描いた兄をしのんでのことでした。

戦前、下伊那郡鼎村（飯田市）一色の須山家には4人の兄妹がいました。地元青年会の会長を歴任し、信南自由大学を創設、南信大衆党の結党に奔走した長男賢逸、社会風刺漫画の描き手としてプロレタリア文化運動の渦中に身を投じた末に挫折、転向し、洋画家の道を歩んだ次男計一、近衛騎兵隊に所属経歴を持つ三男國男、そして3人の兄を慕う末妹智佐恵です。

長兄の実践的な行動を身近にし、感化されて思考を巡らしてきた弟計一の風刺漫画や回顧録などからは、資本主義の矛盾を問題視し、プロレタリア運動へ傾倒していくさまが読み取れます。その中で意気軒昂たる多喜二と出会い、計一は同志として多喜二と親交を深めていきました。自ら反戦活動に傾倒し、渦中に身を投じていった計一は、激しい弾圧を

大正14年冬の須山家家族。後列左端に『蟹工船』を装丁した次男計一、その右が自由大学創設者の一人長男賢逸、前列右が末妹智佐恵（個人蔵）

受けました。計一がプロレタリア作家と遭遇したできごとは、労働者階級にあった一青年の思想形成過程上の必然として、兄の行った自由大学運動の延長線上に位置付けることができます。

多喜二が見ることができなかった戦後日本。計一は信州の原風景を写生し、油彩画など数多く残しています。

智佐恵の一句が、『信濃句集』に掲載された年の12月13日付朝日新聞に、「『蟹工船』などで知られるプロレタリア文学作家・小林多喜二が愛し続けた女性として知られる田口タキさんが6月19日、横浜市の自宅で亡くなっていたことが分かった。多喜二ゆかりの北海道小樽市立小樽文学館にタキさんの親族から連絡があった。１０２歳で老衰とみられる（後略）」との小さな記事が掲載されました。

運動の再検証の必要性

自由大学創設と開講、運営に主導的な役割を果たした関係者らの資料や証言は、自由大学運動の実態を把握するために必要不可欠です。また、回顧録などといったその後の証言は、本人の主観や信念を考慮したとしても、当時の地方農村部に起きた社会的現象を知る上で重要な手掛かりになります。自由大学にかかわった関係者らの資料の多数は現存しています。ここに来て書簡や日記などの新たな資料も見つかり、遺族の証言、これまでの解釈と異なる肖像写真など、加筆修正の必要も生じています。こうしたことを踏まえ、自由大学運動の史的評価は、史実に基づいたところで再検証する必要があります。それは、運動の主動者らが生み出した自由大学という学び場の本来の意義を知ることであり、発祥地としての責務なのです。

上田では、画家山本鼎《かなえ》（1882〜1946）が提唱した児童自由画教育や農民美術も誕生しました。それは、今日の自由で開かれた生涯学習教育という考えにとても近いものでした。このため、上田から始まり、飯田で開講した自由大学を通し、長野県は生涯学習教育の発祥地ともなっています。

平成27（2015）年6月の公職選挙法一部改正により、選挙年齢が「満18歳以上」に引き下げられました。これにより、国民の8割以上が有権者となります。これまで同様、有権者の声を、負託する議員が国会に届けることは変わりません。しかし、これからの日本を担う新有権者や将来の有権者ほど、国政で決められた義務を果たす期間が長く、役割が大きくなりますから、責任もより重くなるといえます。政治に興味がないから、余暇に忙しいから選挙権を行使しないとするならば、国会で決められたことに意見を挟まず従うという意思表示となるのです。

2021年は、信濃自由大学の記念すべき第1回講義から100周年に当たります。創立者のひとり山越脩蔵が言った「吾々国民が、選挙権を完全に行使出来るまでに成長し得るか甚だ疑問である。これは一朝一夕には解決の出来ない重大な問題である」という言葉を、いまこそ胸に刻みたいところです。（伊藤　友久）

信濃自由大学で「文学論」を講義する高倉輝（上田市立博物館蔵）

学校と森林の長くて深い関係

全国に先駆けた長野の学校林

「学校林」あるいは「学有林」と聞いて、懐かしいと思うのは一定の年代より上の人々でしょうか。

学校林は、小・中学校、高等学校、大学などの学校がさまざまな目的のために、保有している森林のことです。かつては、多くの学校が保有しており、遠足の目的地であったり、全校で下草刈りの作業をしたりなど、学校林と学校生活が密接に結びついていました。

しかし、現在では学校林を保有している学校は少なくなり、あっても活用していない場合が多いようです。一方で、環境教育の一環として学校林を活用し、大きな成果を上げている学校もあります。

国土緑化推進機構の『平成28年度学校林現況調査報告書』によると、長野県内では、小学校が102校、中学校37校、高等学校32校、その他4校、合計175校が学校林を保有しています。鹿児島県に次いで全国で2番目に多く、県の面積の8割を森林が占める長野県は現在でも多くの学校が学校林を保有していることがわかります。

学校林の始まりは明治28(1895)年、政府が全国の学校に「学校において祝祭日を記念して、児童・生徒に木を植えさせること」という訓令を出したこととされています。森林愛護の精神を育成することによる教育的効果を狙ったものでした。当時、国内の山林は、燃料や家畜飼料の供給地として利用されていました。現在のように資源保護の動きは一部を除いて見られず、荒廃した山が各地に見られ、問題となっていました。このような状況から、森林愛護の精神を育成する必要性があったと考えられます。

長野県内では、明治28年の訓令より前に、学校林を設置した記録が残っています。同年10月に刊行された『信濃教育会雑誌』109号によると、小県郡大門村(長和町)の大門尋常小学校では、明治24年から、村助役山田安利らと大門尋常小学校の訓導宮坂藤一が協力し、村民の秣《まぐさ》刈取場だった共有山野に植樹をしました。これが全国に先駆けて設置された県内最初の学校林だと思われます。この活動は継続して行われ、植樹の必要性を生徒に講話し、「愛樹心」の育成を図っています。

千曲市立八幡小学校には、明治時代の終わりごろに作成された「八幡村及八幡尋常高等小学校に関する調査」が保管されています。このなかに、学校林の位置が示された「更級郡八幡村全図」があり、さらに学校林に植林した年度と樹種が色分けされている「八幡尋常高等小学校学林之図」も残っているのです。これを見ると、最も時代が古いものは、「25年度　椚《くぬぎ》　5 1 5 0 0本」と記されており、明治25年から同43年にかけて、落葉松《からまつ》、赤松、椚、杉が植林されています。

これらは全国的に見ても先進的な取り組みであり、この後、長野県内の学校では学校林の設置が相次ぎます。

学校林拡大の大きな理由

明治から大正にかけて、長野県の学校林は増加の一途をたどります。明治35（1 9 0 2）年に設置していた小学校は92校、設置率17％だったのが、明治38年には2 0 8校、38・9％、さらに大正7（1 9 1 8）年には2 9 6校、65・5％と急激に増えていきます。この背景には財政的な問題がありました。

当時は原則として、地域住民が学校の設立や維持に関する費用を負担することになっていました。自治体にとって、学校を持つことは大きな負担でした。村の予算の7割が教育費に当てられることもあったようです。教育費の確保は、地域の人材を育てるために欠かせないものであり、何とかして安定した収入を得ようとさまざまな方策が考えられました。そのなかで重視されていたのが、学校林だったのです。

学校林に植樹し、数十年後に大きく育った樹木を伐採、それを売却すれば、教育の充実のための資金になると考えられていました。当初の目的は森林愛護の精神の育成だった学校林ですが、次第にその目的は財政的なものに変わっていきます。現在でも入学時に記念樹を植えることがありますが、この時代の名残かも知れません。

長野市立東条小学校に保管されている『学校日誌』にも、明治から大正にかけての学校林に関する記録が残されています。同校では明治36（１９０３）年に豊栄村（長野市松代町）内の入会山に学校林を設置し、落葉松６３２５本、杉２６８６本を植樹しました。村民の共有財産である入会山を学校のために提供したのです。急峻《きゅうしゅん》な山間地では、子どもたちによる作業は危険なため、村の若者の集まりである青年会に、植樹作業が委託されていました。

また、千曲市立更級小学校の近くの神社には「御林之碑」が残っています。そこには、明治38年、地元の仙石区が59町３段５畝21歩の国有地の払い下げを受け、そのうちの３町２反４畝20歩を学校林として提供したことが刻まれています。

明治の初めは地租を基本とする税制だったため、土地の所有者を明確にしていました。所有者がはっきりしない山林は、国有地とされてしまう場合が多く、明治の半ばになると、かつて地域の共有地として使われていた山林を国から払い下げる動きが活発になります。おそらく仙石区でも、大変な苦労と時間をかけて、国から山林の払い下げを受けたものと考えられます。その山林の一部を学校林として提供しているのです。

こうした動きは県内各地で見られます。地域の発展のために、人材の育成が必要であると考え、そうした教育のために、自らの財産や労力を惜しみなく提供している姿には感銘を覚えます。

戦時体制下の学校林

日中戦争開戦前後になると、学校林の役割に新たなものが加わります。精神的な鍛錬の場としての役割です。

昭和９（１９３４）年に、現在の全国植樹祭につながる中央植樹行事の「愛林日」が４

月3日の神武天皇祭を中心に実施されるようになったのを受けて、昭和12年、県から「愛林・勤労精神涵養《かんよう》の学校林設置につき県通牒」が出されました。

この通牒では、愛林日において学校林への植樹を呼びかけています。その目的として「愛林思想ノ普及及勤労精神ノ涵養徹底」が挙げられ、「市町村有林野ノ一部ヲ学校林ト定メ生徒ノ勤労道場タラシムル」ことが求められています。つまり、学校林の設置を一層増やすとともに、精神鍛錬《たんれん》の場として活用せよ、ということです。この県通牒の翌年には国家総動員法が公布され、社会全体が戦時体制へと組み入れられていきました。

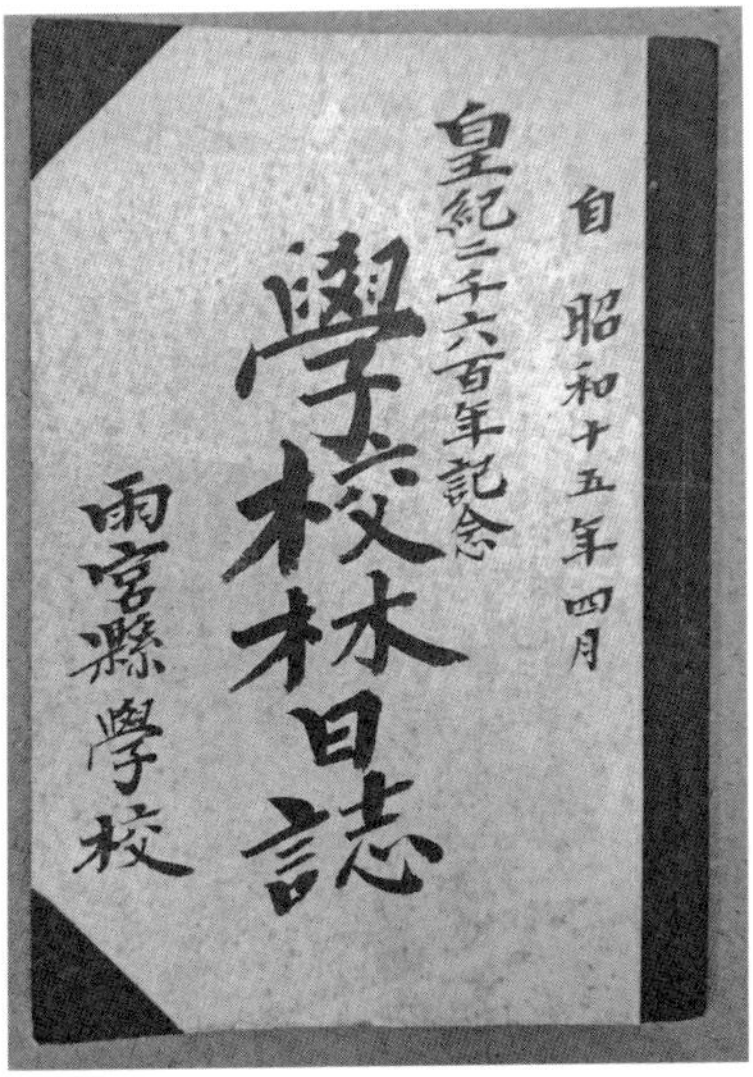

雨宮縣学校の「皇紀二千六百年記念学校林日誌」
（千曲市立東小学校蔵）

千曲市立東小学校には、統合前の埴科郡雨宮縣学校の学校林に関する記録が残っています。そのひとつ、「皇紀二千六百年記念学校林日誌」には、昭和15年から29年までの学校林の作業の様子が記されていました。皇紀2600年とは、神武天皇が即位してから2600年という意味で、それが昭和15年にあたるとされたものです。各地で記念行事が行われ、県内の多くの学校で学校林の設置・拡大、植樹が行われていました。
雨宮縣学校の「皇紀二千六百年記念学校林日誌」の一部を紹介します。

昭和一五年四月一九日　金曜　半晴
植樹　午前六時半尋五以上青学本科一・二・三年学校出発
植穴掘り　青学生徒　高等科男子
植手　高等科女子　尋六男
苗配給　六女　五全
植栽距離　六尺畦　九尺株間　約三町歩　六〇〇〇本（五〇〇本残り）

昭和一六年七月二四日　木曜日
下草刈登山
学年　国民学校五学年以上　青年学校生徒
集合　午前六時諸注意直に出発す
仕度　軽装　鎌　縄巻き

　水一人四合以上　縄四尋　弁当　副食不可
校長以下引率登山
午後四時半作業止め　約五分三刈払う
反省　水の持方少いこと　集合時間六時では早いこと

昭和二〇年七月三一日
下草刈　初五（男女）以上
一七日の予定なりしも　当日雨のため延期　三一日となる
補植の所は丁寧になし　他の所は木下の部分のみ草を刈る

昭和二五年四月一九日（水）
植樹二五〇本
下草刈　全地区
全校職員生徒　午前八時出発　午前九時四〇分　現場着
午後二時作業無事終了
盗伐されるもの相当あり　村当局に報告す

昭和15年4月19日に行われた学校林への植樹では、これに先立って地域の代表者が現地に赴いていることから、学校単独ではなく、地域を挙げての取り組みだったことがわかります。また、植樹の作業は学年毎に分担されており、併設されていた青年学校の生徒も同時に作業をしていました。終戦間際の昭和20年7月末にも作業が進められており、このとき株数は最大の2万3000本に達しています。

県からの通牒には、学校林を精神鍛錬の場として活用するようにとありましたが、「学校林日誌」からはそのような様子はうかがえず、逆に水分の確保など、子どもたちの体調を気遣う姿が見られます。

戦後になっても学校林での作業は続きます。昭和25年4月19日の記録には「盗伐されるもの相当あり」とあり、物不足にあえいだ戦後の混乱期をうかがい知ることができます。

学校林の果たす役割

戦後になると、全国の学校林設置校数はまた大幅に増加します。戦争で荒れた国土の緑化を進める活動は大きな流れとなっており、昭和25年に第一次学校植林5カ年計画が文部・農林両省から示されます。この背景にはやはり経済的な目的があったようです。

昭和22年に学校教育法が制定され、義務教育が変更になりました。戦前の尋常小学校・国民学校初等科から、現行の小学校6年、中学校3年の9年間になったのです。

新制中学校は一町村一校という方針により、ほぼ小学校と同数の新制中学校が長野県内に誕生しました。これに伴い、各自治体では新制中学校の校舎建築と教育設備の充足の必要性に迫られ、注目されたのが、戦前から学校の財産として推進されてきた学校林でした。政府による学校林設置推進の動きと、学校林の財産としての価値が再注目されたことで、設置がさらに進んだと考えられます。

この時期、学校林を含む地域の共有林から得た収益を、校舎建築などに当てた記録が各地に残っています。千曲市立屋代中学校正門脇には、地域の共有林であった「屋代財産区」の沿革史が刻まれた石碑があります。小・中学校の校舎建設だけでなく、公民館建設や有線放送設備の設置などの功績も記されています。

現在、学校林を設置している学校数とその面積は減っています。国土緑化推進機構の『平成28年度学校林現況調査報告書』によると、調査が始まった昭和49年と平成28（2016）年を比較すると、学校林を保有している学校数は半分以下です。学校林の維持・管理には多大な労力が必要です。さらに、木材輸入の自由化により安

伐採作業の見学をする児童たち（坂城小学校提供）

い外国産の木材が大量に輸入されるようになって国産材の価格が低迷し、学校林の財産としての価値も下がってきたことが原因と考えられます。

しかし、このようななかでも学校林を積極的に教育活動に取り入れ、大きな効果を上げている学校もあります。

坂城町立坂城小学校では、同町の和平地区に昭和41年、学校林を設置しました。当初の目的は、各クラスに1台ずつピアノを購入することでしたが、国内の木材価格が下がったため、環境教育へと目的を変え、全校の行事として「学有林の日」を設定し、自然を学ぶ体験学習が行われています。

年2回、春と秋に実施されるこの学習では、ドングリ拾いから下草刈り、植林まで、学年の段階に応じたさまざまな活動をしています。子どもたちは、自然を大切にする心だけでなく、友との協力や創意工夫することの大切さを学んでいます。同校の活動は、地域の有志によって運営される運営委員が中心です。自らも学有林で学んだ保護者も多く、自分の子どもたちにも同じような活動をさせたいという願いから、保護者を巻き込んだ教育の場としています。

明治から現代まで、学校林はその時代の流れのなかでその役割を変えてきました。しかし、一貫して変わらないものがあります。それは教育の充実を願う地域の人々の熱い思いです。子どもたちのために労を惜しまない姿が、現在も学校林の活動を支えているのです。

（溝口　俊一）

明治時代の女学生の登山姿（長野西高等学校同協会提供）

長野県民の常識

学校登山

小・中学生のころ、学校登山の経験はありますか。「学校登山って何？」と思った人は長野県で育っていない人かもしれません。

学校登山とは、学校行事などで集団で山に登ることです。遠足や宿泊行事としての登山など、長野県育ちには至極当たり前の活動という気がするのは、学校登山が長野県ならではの行事、あるいは文化といえるからです。

長野県民にとってなじみ深い学校登山。その始まりは明治時代にまでさかのぼります。

明治22（1889）年夏、長野県尋常師範学校（現信州大学教育学部）は、学術研究を主たる目的とする群馬・栃木方面への修学旅行を行いました。19泊20日の日程で、脚絆《きゃはん》に草鞋《わらじ》を履き、もっぱら徒歩での移動でした。この修学旅行のなかで、白根山と浅間山に登ったのが、長野県における学校登山の始まりとされています。同校の教諭だった浅井洌（後に県歌「信濃の国」作詞者）は、学生たちが噴火口や硫黄製造所を見たことなどを記録に残しています。

翌年、東京・横浜方面への修学旅行でも富士山に登るなど、師範学校の登山は恒例行事として位置づけられていきます。そこには、心身の鍛錬を目指して修学旅行を取り入れた浅岡一《はじめ》や、実地観察や研究心を大切に考えた正木直太郎ら校長の方針があったのです。

同校で学んだ学生は、やがて県内各地の学校に赴任し、学校登山を広めていきました。そのひとり、佐藤寅太郎は、小諸尋常高等小学校の校長として、全校浅間山登山を実施しました。さらに同校教職員による『浅間山』を発刊します。登山を通して、動植物、地質、歴史などをまとめた研究書です。

佐藤藤山（嘉市）は、堀金尋常高等小学校長時代に「常念校長」と称されるほど山の話題を多用し、地元下高井でも学校登山やスキーを奨励した人物として知られています。

中等教育の普及に貢献した河野齢蔵《れいぞう》は教壇に立つかたわら、高山植物や岩石の研究などにも取り組みました。山岳写真家など肩書きをいくつも持つ多才な人物です。その研究成果を教育活動に生かし、学校登山が貴重な学習の場となることを示しました。長野高等女学校（現長野西高等学校）の第2代校長時代の大正5（1916）年には白馬岳登山を引率し、自ら写真も撮りました。北アルプスの白馬岳のお花畑の脇を独特のいでたちで登る女学生たちの写真から、約100年前の学校登山の様子がわかります。

このように、師範学校卒業生は、学生時の体験をもとに山への憧れや思いを抱き、県内各地に学校登山を広めていったのでしょう。

大正5年、白馬岳に登る女学生たち（リポジトリ河野齢蔵提供）

長野県の学校登山を語る上で忘れてはならないのが、渡辺敏《はやし》です。二本松（福島県）生まれの渡辺は浅岡一の実兄で、後に「信州に骨を埋めた屈指の人」と呼ばれるなど、信州教育に尽くした人物です。長野学校（現城山小学校）や長野高等女学校の校長として活躍しました。

渡辺は長野県の師範学校卒業生ではありませんが、仁科学校（現大町西小学校）に訓導として招かれた縁で、明治16（1883）年に白馬岳に登頂しました。これはイギリス人宣教師であり登山家でもあったウォルター・ウェストンらが登る10年以上も前のことです。この原体験が、彼の目を山に向ける一因となったのでしょう。

渡辺は女子教育の重要性を訴えて設立し、自ら初代校長となった長野高等女学校時代、強い信念の元に学校登山を始めました。明治35（1902）年、女学生に袴を着せ、かつては女人禁制だった戸隠山に登ったのです。これは長野県の女子登山の始まりともいわれます。

大正3（1914）年の学校登山の際には、いまでいうガイドブックを作成しました。その緒言（まえがき）には「今正に登山を試むべき季節に向へり将に晴をトして決行せんとす」「今身体を鍛へ精神を練る此の挙の必要なるを信ず」「造化の神秘を窺ひ自然の妙趣を味ふの好手段たらずんばあらず」といった言葉が並んでいます。渡辺の教育理念において、心身の鍛錬、自然の偉大さの体感、さらには女性の世界拡張をも企図した学校登山は不可欠なものだったのです。

さて、明治時代から発展を続けた学校登山も、大正時代にはその存続を揺るがす事件が起きました。大正2(1913)年8月下旬、中央アルプスの西駒ヶ岳で遭難事故が起き、かけがえのない命が失われたのです。これは、中箕輪尋常高等小学校の高等科生徒(現在の中学生)9名、同窓会員、赤羽長重校長の計11名が亡くなるという痛ましいものでした。のちに新田次郎の小説『聖職の碑《いしぶみ》』で描かれる事件です。

事故直後、県内では学校登山の是非が論議され、廃止論も叫ばれました。これに対して河野齢蔵は、惨事は実に悼むべきことであるとしながらも、万全の準備を整えることを前提に、得るものの多い登山の存続を訴えます。また、教育者としても名高い久保田俊彦(歌人島木赤彦のこと)は小論「長野県と山」で、山国に住むがゆえに広い視野をもち団結力を高めているのが長野県民であると述べ、心身の鍛錬や学術研究ではなく県民性の育成という観点から学校登山の存続を強く主張しました。同時に、教員に対しては「高山国民の長所を涵養するに於て最も思いを致すべきは長野県教育者の使命であり、更に新しき覚悟を加うべき」と、訴えています。

結果、教訓を生かす形で長野県の学校登山は存続します。大正時代の記録によると、学校登山に取り組む学校数は全国一でした。

長野県民と山とのかかわりは、学校の校歌にも見ることができます。

長野県は平成26(2014)年より県独自の「信州山の日」を制定しています。その制定を記念した長野県立歴史館の企画展において、県内の学校を対象にアンケート調査を行い、校歌にどのような山が歌われているかを調べました。

これによると、県内の9割近い学校の校歌に山が登場し、アルプス、浅間山、八ヶ岳といった信州を代表する山々はもちろん、地元の身近な里山も数多くの学校で歌われていることが分かりました。学校の校歌ひとつを見ても、長野県民と山との深い関わり、そして山々への思いが感じられるでしょう。教育の理想を象徴する存在として、あるいは身近で親しみのある存在として、校歌に出てくる山の存在感は実に大きいと考えられます。

　ちなみに、県内でもっとも古い時期にできた校歌は、松本尋常高等小学校（現開智小学校）の校歌です。作詞者は長野県師範学校教諭の浅井洌。明治31（1898）年に作られたこの校歌には「富士の嶺《ね》」という言葉が出てきます。目標とすべき姿として、日本を代表する富士山を含めたのでしょう。

昭和50年代、学校登山のメッカだった北アルプスの燕岳。昭和55年夏、県内外から50校、8000人の中学生が挑戦した（信濃毎日新聞社蔵）

　浅井は翌年、地理教育のための唱歌「信濃の国」を作詞しました。その後も精力的に校歌の作詞に携わり、昭和前期までの間に作詞した校歌の数は60を超えます。時に現地を訪れて取材し、地元の町名、山や川などを歌詞に巧みに取り入れました。その際、師範学校教諭として引率した修学旅行で見聞きしたことや学校登山の経験を思い出しながら作詞していたのかもしれません。

　長野県の学校登山は近年、大きな曲がり角に差し掛かっています。学校や社会を取り巻く環境、児童生徒の体力面の変化や自然災害の影響などにより、ここ数年、学校登山のあり方が問われているのです。

　それだけに、かつての学校登山の始まりや経過を知り、現在は歴史の通過点に位置していると感じることは、これからの学校登山や教育のあり方を考えるとともに、郷土の特色を知るきっかけになると思います。

（市川　厚）

3 世界の中の信州

シナノの古墳に眠る渡来文化

シナノに多い馬の墓

3世紀後半から4世紀初頭のシナノは、弥生時代から古墳時代への移行期にあたります。畿内や東海地域、北陸地域の土器が、この時期の墳丘墓、古墳や集落から発見され、頻繁に人の動きがあったことがうかがえます。いよいよクニづくりの始まりです。

シナノで最も古い古墳は、3世紀末から4世紀前半の築造と考えられている前方後方墳の弘法山古墳（松本市）です。この前方後方墳の形が濃尾平野の墓形であることや、この頂から濃尾平野を中心とする地域で使用された土器が多く出土していることから、美濃（岐阜県）から尾張（愛知県）地域の勢力との関わりのなかで築造されたと考えられています。

弘法山古墳の後を受けて、前方後方墳や前方後円墳が築造されるのが北信地方です。4世紀中ごろまでに善光寺平に前方後方墳の姫塚古墳（長野市）が、続いてヤマト王権とのつながりを示す前方後円墳の森将軍塚古墳（千曲市）が造られます。この後、6世紀まで前方後円墳が継続的に築造されますが、5世紀半ばには前方後円墳の縮小化と衰退が始まります。

これに対して南信地方は、4世紀に前方後方墳の代田《しろた》狐塚《きつねづか》古墳（飯田市）が見られるものの、善光寺平のように継続して前方後円墳が造られることはありませんでした。その代わり、飯田市を中心とする下伊那地域では、5世紀中ごろから大形円墳や帆立貝形古墳、そして前方後円墳が継続的に築造され始めます。

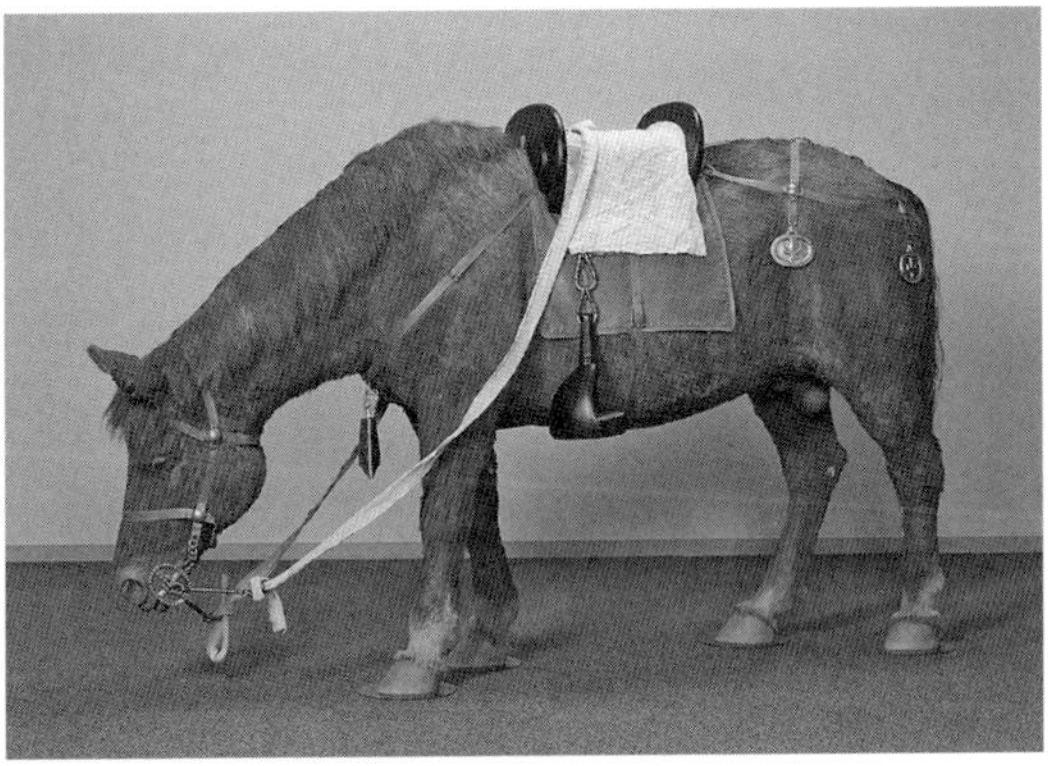

古墳時代の馬と馬具の復元複製（長野県立歴史館蔵）

こうした古墳の築造と合わせるように、下伊那地域で馬の殉葬（埋葬）が行われていました。もともと馬は、日本列島に存在していませんでした。奈良県にある箸墓《はしはか》古墳の周溝から出土した木製の輪鐙《わあぶみ》が、日本最古の馬具とされています。この木製輪鐙の実際の年代は不明ですが、弥生時代終末から古墳時代初頭、遅くとも4世紀後半には朝鮮半島を経由して馬を輸入した可能性が考えられています。

馬の殉葬墓も、朝鮮半島から伝えられたもので、5世紀中ごろから後半にかけての墓が大阪府四條畷市と周辺地域で確認されている百済人によるムラから発見され、またシナノの飯田市を中心とする下伊那地域でもほぼ同時期の墓が発見されています。

5世紀中ごろから7世紀にかけての馬の墓は現在、全国で約200例発見されています。驚くことに、そのなかでも特に5世紀中ごろから6世紀前半にかけての早い時期の墓が、下伊那地域で29例も発見されているのです。

百済と結んでいた当時の日本では、対立する高句麗の騎馬軍団に対抗するため、馬の生産が急がれていました。下伊那地域は全国でもこの時代の馬の墓が突出して多いことから、馬の生産が盛んに行われていたことがわかります。

平安時代、信濃国に16カ所の官牧《かんぼく》があったことは有名ですが、それらのルーツにあたる牧が、それ以前の下伊那地域に存在していたのです。長野県内で発見される古墳時代の馬は、「木曽馬」の祖先だと考えられます。シナノの地の馬の墓は、下伊那地域だけで見られる渡来文化のひとつと考えられていました。しかし、平成25（2013）年に塩崎遺跡群（長野市）の古墳周溝から馬の骨が見つかり、馬の墓の可能性も考えられます。

長野県内の最古の馬具は、大星山2号古墳（長野市）から出土した馬具飾り、飯縄社古墳（同）出土の鉄製輪鐙のふたつで、5世紀前半のものとされています。特に大星山2号古墳出土の馬具飾りは、高句麗王陵から出土した馬具飾りとよく似ています。また、榎田遺跡（長野市）からは5世紀前半から後半にかけての木製鞍《くら》（後輪《しずわ》）と、木製の黒漆塗壺《つぼ》鐙《あぶみ》が出土しています。

　馬の墓や、轡《くつわ》・鐙・鞍といった馬具の出土は、その地域で馬の生産が行われていたこと、乗馬をする習慣があったことを示しています。シナノでの5世紀から7世紀にかけての古墳に副葬された馬具の出土数は、昭和時代には全国1位でしたが、現在では福岡県内の出土数に続いて全国2位です。シナノでは特に6世

大星山２号古墳（長野市）から出土した馬具飾り金具（長野県立歴史館蔵）

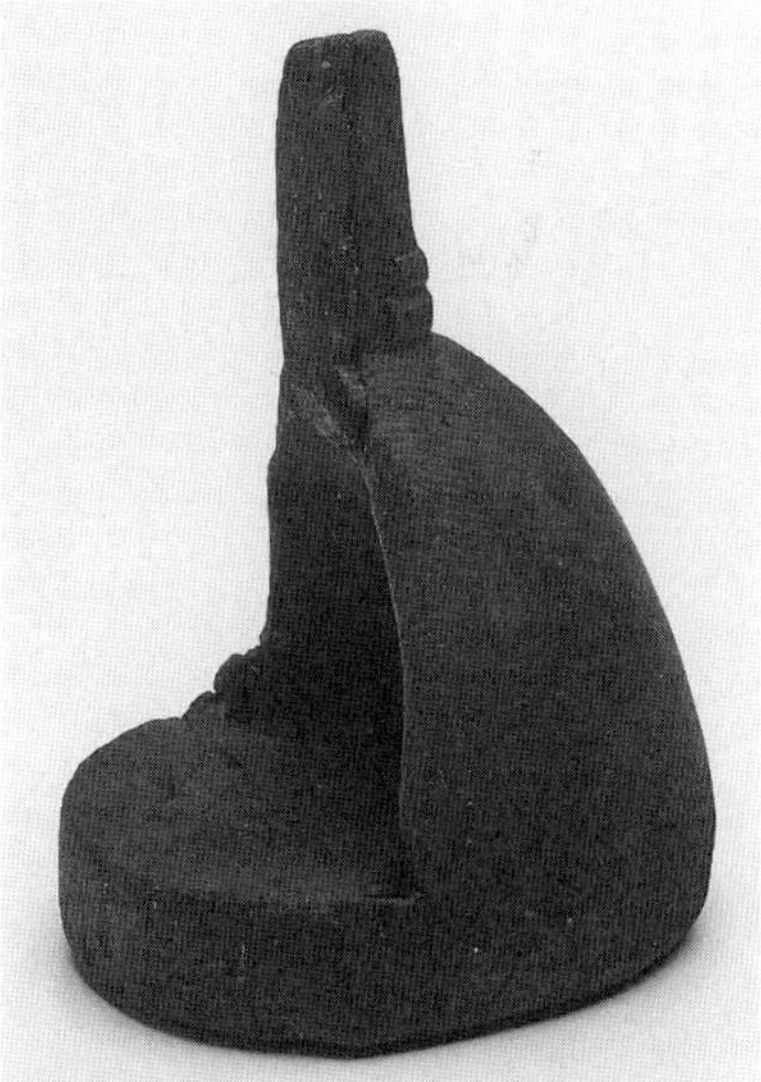

榎田遺跡（長野市）出土の木製黒漆塗壺鐙（長野県立歴史館蔵）

紀末以降のものが急増します。山深いシナノで馬の生産が盛んに行われていた光景は、他地域には見られない特異な景観だったことでしょう。

「埋葬する」ということ

4世紀後半から6世紀前半にかけてのシナノの積石塚古墳は、八丁鎧塚1号古墳（須坂市）や安坂将軍1号古墳（東筑摩郡筑北村）、そして大室古墳群（長野市）などがあります。それまで盛土古墳が造られた地域に、あえて積石による墳墓を造っていることを考えれば、初期の積石塚古墳はもともとそこに住んでいた人々とは異なった意識を持った、「渡来人」あるいは「渡来系」の人々の墓と考えられます。

大室古墳群を代表例とする構造の合掌形石室はシナノに46基以上ありますが、分布は善光寺平のみです。全国的にも現在のところ、善光寺平以外には山梨県の王塚（大塚）古墳、山形県の松沢古墳群1号古墳、同2号古墳、福島県の長井前ノ山古墳の4例しかありません。

善光寺平に合掌形石室が造られる素地は見当たらず、いきなり新たな石室として造られます。突然出現し、限られた時期や地域に構築されたことを考えれば、在来の人々による

大室古墳群（長野市）を代表例とする合掌形石室（大室 168 号古墳）

構築ではなく、「渡来人」や「渡来系」の人々のような新たな情報を持った人々の発想による墓であったことが想定されます。

また、5世紀中ごろから6世紀初頭の積石塚古墳の埋葬施設としての合掌形石室の分布は、千曲川東岸の下高井郡木島平村・中野市・長野市若穂から松代地区などに集中しています。さらに6世紀初頭の積石塚古墳である竹原笹塚古墳（長野市松代地区）には合掌形構造の天井を持つ横穴式石室が構築されます。このように特定地域の積石塚古墳に合掌形の石室構造が継続的に構築されていることは、天井を合掌形にすることに深い意味があったと考えるのが自然ではないでしょうか。

　このように、積石塚古墳と合掌形石室はそれぞれの理由によって善光寺平で採用されます。初現期の合掌形石室を持つ大星山2号古墳が盛土の方墳であり、初現期の積石塚古墳である八丁鎧塚1号古墳や安坂将軍塚1号古墳が合掌形石室を採用していないことからもわかるように、現段階では本来、積石塚古墳と合掌形石室は墳墓形態として直接関係がなかったと考えられます。

　大室古墳群で、5世紀中ごろから6世紀前半にかけて構築された初期の合掌形石室を内部に持つ積石塚古墳からは、「渡来人」あるいは「渡来系」の人々との直接的な遺物は発見されていません。しかし、5世紀中ごろの築造と考えられる大室168号古墳から馬形土製品が出土しています。ここに限らず東日本において、非常に早い時期に馬の文化が伝わっていたと考えられます。

　渡来人・渡来系の人々がその地の社会や文化に同化しながら新来文化を伝えたものとするならば、突然現れた合掌形石室をもつ積石塚古墳に埋葬された人々は、馬匹《ばひつ》生産に関わるなど新来文化を伝えた渡来人・渡来系の人々の墓と考えられます。そして徐々に、その土地で新しい渡来文化を受け入れた人々を含めた墓となっていったのでしょう。その好例が、吉古墳群にみられる盛土古墳への合掌形石室の採用であったと思います。

6世紀初頭からは、シナノでも横穴式石室の構築が始まります。

横穴式石室は4世紀後半に朝鮮半島から北九州地域に伝わり、5世紀中ごろには畿内でも採用されました。それ以前の4世紀から5世紀にかけて造り続けられた石室の基本は竪穴式石室で、地域の有力者ひとりを埋葬するための施設で、古墳が首長交代の儀礼の場という性格が強かったことを考えれば当然なことでした。横穴式石室は、埋葬施設入口部を開け閉めすることができたため、何度も埋葬することが可能でした。そのため、家族墓的な性格が強くなり、さらに死後の世界（黄泉《よみ》の国）への入り口と考え

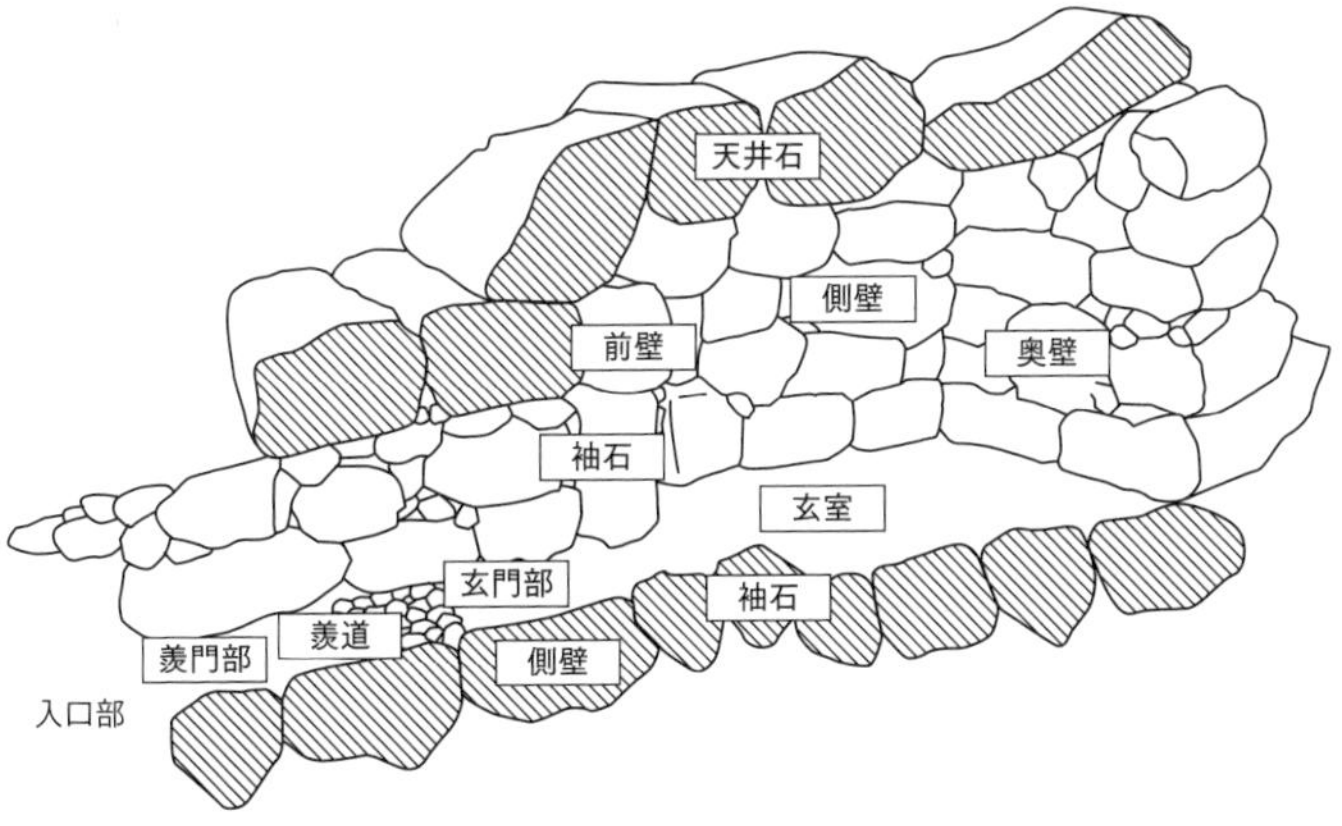

横穴式石室の模式断面図

られるようになりました。

松原1号古墳（長野市）の横穴式石室からは頭骨が7つ発見されました。上溝11号古墳（飯田市）の石室からは100年ほどの時代差がある多くの土器が出土しています。彼らは血縁や地縁で結ばれたごく一部の地域を治めた家族あるいは家族的な集団で、何世代にもわたって同じ石室に埋葬が続けられたのです。

『日本書紀』や『古事記』には、イザナギノミコトが死んだ妻イザナミノミコトへの想いから墓を訪れますが、変わり果てた妻の姿に驚き、逃げ帰る話があります。墓の中は「黄泉の国」と表現され、まさに死んだ家族が黄泉の国へ旅立つ場所が横穴式石室内であったと考えられます。

7世紀になると、県内各地に横穴式石室を持った古墳が群集して造られるようになります。首長以外の多くのムラの有力者が古墳を造ることができるようになったことを意味しています。このような家族墓的性格を強くした古墳では、来世（黄泉の国）へ向かう死者のために、武器や玉類他の装飾品類に加え、それに伴う副葬品にも、大きな変化が見られるようになります。横穴式石室導入以前の首長権力を示すような鏡や釧《くしろ》などの副葬品はなくなり、実用的な直刀や鉄鏃、馬具などが多量に副葬されます。また死者に飲食物を供える儀礼が行われることにより、それまでの竪穴式石室等にはほとんど入れられることがなかった土器が、横穴式石室には多量に副葬されるようになり、これらの土器が、『日本書紀』や『古事記』に見られる、黄泉の国で食事をしたからもう現世に戻れないと宣言する「ヨモツヘグイ」の儀式に用いられたとも考えられています。まさに横穴式石室の中は、現世と黄泉の国とを橋渡しする場となっていったのです。

シナノでは、久保田1号古墳（飯田市）や北本城古墳（同）、柏木古墳（松本市）、竹原笹塚古墳（長野市）の横穴式石室が、6世紀初頭から前半のものと考えられます。下伊那地域では前方後円墳に、善光寺平では積石塚古墳に、横穴式石室が導入されました。

畔地1号古墳（飯田市）から出土した銀製長鎖垂飾付耳飾りの復元複製（長野県立歴史館蔵）

なお、6世紀前半に築造された畔地1号古墳（飯田市）には銀製長鎖垂飾付耳飾りが副葬されていました。しかしそれ以後、横穴式石室には長鎖垂飾は省かれ、銅芯に金銀をメッキしたC字状の耳環だけの耳飾りが多く副葬品として用いられるようになります。

ヤマト王権との密接なつながり

推古天皇のもと、聖徳太子や蘇我氏が活躍した6世紀末から7世紀前半、東日本では円筒形土製品が登場します。これはカマド造りの部材であった土製品で、ルーツは朝鮮半島の特に百済地域です。日本では大阪府や滋賀県を中心とした近畿地方で、5世紀からの発見例が見られ、東国では山梨県八代郡地域に集中が見られ、長野県は千曲川中流域を中心に出土しています。つまり、限られたムラの限られた住居に造られたカマドに使われたのです。

円筒形土製品を使ってカマドを造った人々は、百済から渡来し、新しい文化を武器にヤマト王権の組織に組み込まれていった人々でした。さらに、ヤマト王権の意図の中で、新来文化を広めるために東国に派遣され、派遣先のムラで造られ残されたのが、円筒形土製品を用いたカマドであったと考えられます。シナノ（長野県）、コシ（新潟県）、カイ（山梨県）以北で発見された円筒形土製品は、その痕跡であるといえるでしょう。

シナノには、ほかにもこうした痕跡が残っています。

6世紀末から7世紀前半に築造された小丸山古墳（諏訪市）から出土した1016枚の挂甲《けいこう》（小札甲＝鎧《よろい》）の一部小札に、奈良の飛鳥寺塔心礎《しんそ》から出土した挂甲と同じ、当時の最新技術を使ったものが採用されたこともわかっています。飛鳥寺といえば、崇峻元（588）年に蘇我氏の氏寺として造営が開始された日本最古の本格寺院です。高句麗の清岩里廃寺の伽藍《がらん》配置を手本とし、瓦は百済の寺院に使用された瓦を手本に作られるなど、最新の渡来文化を駆使して建立された当時最先端の寺です。その寺の塔心礎から出土した挂甲と構造の一部と同じものが、シナノの古墳から見つかったのです。併せて塔心礎出土の馬鈴に類似した馬鈴も出土しました。

飛鳥寺の塔心礎には舎利とともに、挂甲をはじめ、多種類の玉類や金銀の延板、金環、馬鈴、蛇行状鉄器、白色大理石製砥石ほか、荘厳具の一部など1750点余りが残されていました。これらは当時の古墳の副葬品とされる品々であり、最高級の金銀財宝でした。これらの品々は、推古元（593）年に納められたものです。

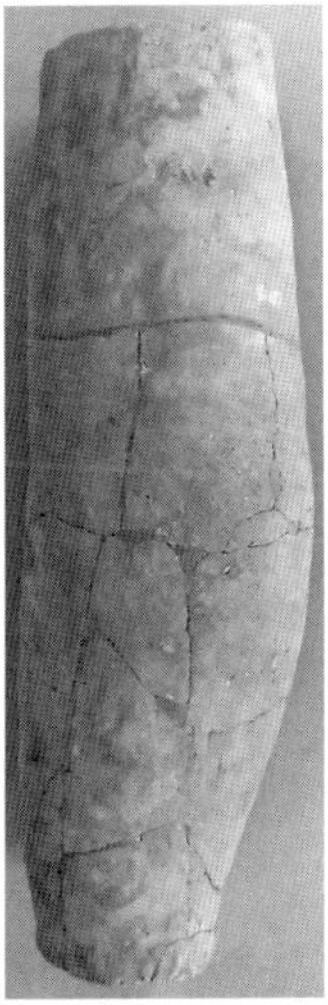

榎田遺跡（長野市）出土の円筒形土製品（長野県立歴史館蔵）

小丸山古墳から出土した副葬品は挂甲、輪鐙ほかの馬具、鍔《つば》、鎺《はばき》、縁金具に銀象嵌《ぞうがん》を施した大刀（象嵌装大刀）、玉類、土器類などが含まれていました。小丸山古墳の被葬者は、象嵌装大刀を推古朝におけるヤマト王権から下賜されていただけでなく、飛鳥寺と同じ最新技術で作られた挂甲や類似の馬鈴まで持っており、蘇我氏を中心とするヤマト王権中枢部の有力豪族と密接なつながりがあったと考えられます。

いずれにしても、シナノの4世紀後半から7世紀前半の文化は、大陸の文化を伝えた渡来人、新しい文化を受け入れた在地の人々のお互いが、それぞれの文化を理解し、融合した結果、生まれたものと考えられます。

6世紀末を過ぎると、シナノの豪族層は「東国舎人《とねり》」（近衛兵・騎馬武人）としてヤマト王権の組織に組み込まれ、シナノは「科野」と認識されます。そしていよいよ8世紀、奈良時代を迎えると、律令体制の中の「信濃国」に位置づけられていくのです。

（西山　克己）

善光寺信仰と東アジアのつながり

信仰の由来を説く「善光寺如来縁起」

善光寺はいつできたのか。また、善光寺信仰はどのように発展してきたのか。この問題を考える上で、善光寺という名前の寺院の起源と、善光寺信仰の始まりとは区別して考えなければなりません。

「善光寺」が文献で初めて登場するのは、10世紀中ごろの『僧妙達蘇生注記《そうみょうたつそせいちゅうき》』に書かれた「水内郡善光寺」です。「水内郡」という郡は全国で信濃国にしかありませんから、これが信濃国の善光寺であることは間違いありません。しかし、どのようなお寺であったかなど詳細はわかりません。

ただ、現在の善光寺境内やその周辺から飛鳥時代の様式をもつ古瓦が出土していますから、現在の善光寺付近に平安時代以前から寺院（名前は不詳）が存在したことは確かだと

現在の善光寺本堂（© 善光寺）

いえます。しかし、10世紀以前のこの寺院が「善光寺」と呼ばれていたかどうかは記録がありません。

一方、善光寺信仰の中心となる「善光寺如来」は絶対秘仏とされていて、その姿を鎌倉時代に模したとされる「前立本尊」が現存し、現在は7年目ごと（数え年で7年）に一度の御開帳が行われています。

この善光寺如来を核とする善光寺信仰を説いたものに「善光寺縁起」があります。「縁起」とは言い伝えの形をとって寺社の由来を文字や絵によって記したものです。多くの場合、まず文字による縁起が作成され、それを元に、多くの人にわかりやすく信仰を広めるための絵巻や絵伝が作られるようになりました。縁起は信仰を広めるためのものですから、必ずしも史実を反映しているわけではありません。しかし、そこに何らかの史実を読み取ろうとする試みもなされています。

「善光寺縁起」の正式名称は「善光寺如来縁起」といい、善光寺信仰の核となる「善光寺如来」の由来を記しています。その最古の文献は実物としては残っておらず、後世の書物に引用された形で伝わっています。

「善光寺縁起云…」と引用されているくだりが出てくる最も古い書物は、平安時代後期に私撰の史書として編纂された『扶桑略記《ふそうりゃっき》』です。この書物は、初代神武天皇から第73代堀河天皇の寛治８（１０９４）年までの歴史書で、近年の研究によると院政期に第71代後三条天皇の側近として活躍した大江匡房《おおえのまさふさ》を中心とした文人たちが編纂に関わったことが明らかになっています。11世紀末から12世紀初めごろに成立したものと推定されています。

これに次ぐものが鎌倉時代の写本が残る『伊呂波字類抄《いろはじるいしょう》』（十巻本）の善光寺の項に記された縁起です。こちらは天養元（１１４４）年に橘 忠兼《たちばなのただかね》が著した「いろは」別の国語辞書『色葉字類抄』がもとになって、鎌倉時代前期ごろまでに成立したものです。このなかに引用された縁起が、奈良時代に記された古い縁起を反映しているとする説と、それに否定的な説とが並立しています。

これらの縁起から、平安時代後期には善光寺信仰が登場することがわかります。

「三国伝来」の三国とは

ここでは、善光寺信仰の国際的性格を物語る『扶桑略記』に引用された縁起の内容について見てみましょう。

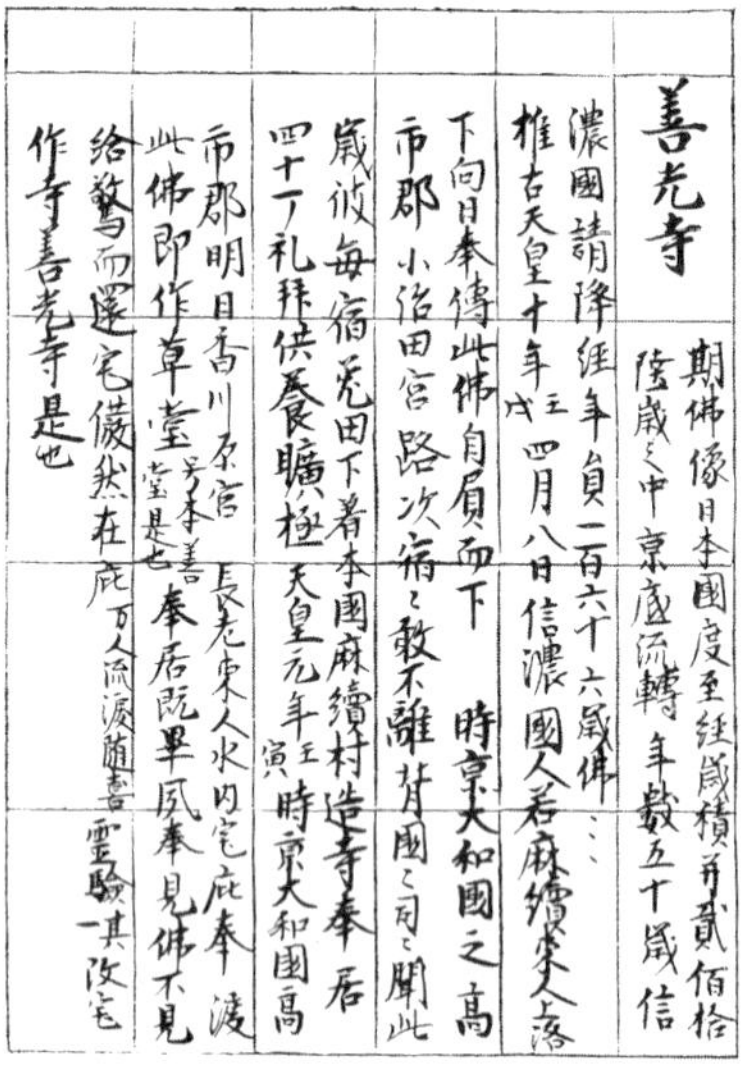
善光寺
期佛像日本國度至経歳積并貳佰拾陸歳之中京處流轉年數五十歳信
濃國請降経年負二百六十六歳佛、、、推古天皇十年壬戌四月八日信濃國人若麻續東人落
下向日本傳此佛自肩而下　時京大和國之高
市郡小治田宮路次宿々敢不離背國々司々聞此
歳彼毎宿飛田下着本國麻續村造寺奉居
四十一ヶ礼拜供養瞻仰極　天皇元年壬寅　時京大和國高
市郡明日香川原宮　長老東人氷内宅庇奉渡
此佛即作草堂号本善堂是也　奉居既畢夙奉見佛不見
給驚而遷宅儀然在庇　万人流涙随喜　靈驗一其改宅
作寺善光寺是也

『伊呂波字類抄（十巻本）』の「縁起」引用部分（大東急記念文庫所蔵）

「釈尊がまだ在世した頃、天竺《てんじく》の毘沙羅《びしゃり》国の月蓋《がっかい》長者が西方に向かって一心に礼拝したところ、阿弥陀三尊が家の門に現れた。そこで、その姿を写した金銅の像を鋳造させた。長者の死後、この仏像は空を飛んで百済《くだら》国に至った。それから千余年を経た欽明天皇十三年十月十三日、摂津《せっつ》国の難波の津に漂着した。これが日本で最初の仏像で、人々は「本師如来」と呼んだ。推古天皇十年四月八日、託宣によって天皇は信濃国水内郡に移させた。

これが今の善光寺の本尊である」（牛山佳幸1991）

この文の前半部分は、東晋の僧が漢訳した観音菩薩の功徳を説いた経典「請観世音菩薩《しょうかんぜおんぼさつ》消伏毒害陀羅尼呪経《しょうふくどくがいだらにじゅきょう》」、後半部分は『日本書紀』の仏教公伝記事を参考にしています。いずれも史実を反映したものではなく、縁起の内容をそのまま史実とすることは難しいと考えられています。

ただ、『日本書紀』の仏教公伝記事では「金銅釈迦像」とされている仏像が、縁起では「阿弥陀三尊」とされていて、この点は縁起が作成された時代が阿弥陀如来を中心とする浄土思想（末法思想）が広まっていた平安時代後期であることを示しています。また、この仏像が、天竺（インド）―百済（朝鮮）―本朝（日本）と伝来した「三国伝来の仏」として主張されている点も重要です。

平安時代、仏教伝来のルートは「天竺―震旦《しんたん》（中国）―本朝」の「三国」と考えられていました。ですから、「善光寺縁起」に見える「三国」は、当時の一般的な考えとは異なった独自の主張であったことがわかります。

こうした朝鮮半島の存在を強く意識した背景には、北信濃の歴史的条件、すなわち朝鮮半島からの渡来系氏族が多く居住していたこと、そうした渡来系文化のなかで善光寺信仰が生まれたという事情を考えることができるかもしれません。

善光寺をめぐる国際的環境

善光寺の現地に、善光寺をめぐる国際的環境を物語る資料があることは、注目に値します。まず挙げられるのが、善光寺如来像の様式です。

現在、本堂内々陣の瑠璃壇《るりだん》の厨子《ずし》内に安置されている本尊は絶対の秘仏とされていて、拝観することはできませんが、7年目ごとの御開帳の際に、「前立本尊」が善光寺御宝庫から移されて公開されます。この像は、鎌倉時代に創建当初の本尊の様式を忠実に写して鋳造されたものと考えられています。

その特徴は、金銅製であること、しかも中尊の像高がほぼ2尺（約60㎝）以下の小金銅仏であること、三尊がそれぞれ臼型の台座を持つこと、中尊が両肩を衲衣《のうえ》で覆う通肩のスタイルをとること、さらには両脇侍像が両手の掌《てのひら》を胸前で上下に重ね合わせて宝珠を抱く梵篋印《ぼんきょういん》を結び、頭部に宝冠を被っていることなどです。これらは中国の北朝（東魏）時代の影響をうけた、東アジア仏教圏に流行していた様式です。

古代における善光寺の国際的環境については、文献史料に残されていません。しかし、不明確な部分も多くあるとはいえ、「三国伝来の仏」といった意識は12世紀に善光寺縁起の成立とともに広がっていったと考えられます。

中世の善光寺縁起を代表する、いわゆる『応安縁起』（応安年間（1368〜75）の間に書かれたとされる）には「そもそも、善光寺生身如来は、昔、東天竺の毘舎離城の月蓋長者の召請によってこの世に現れた本尊である。その出世の利物、生起の由来を尋ねると、即ち三国伝来に三意あるべし。三国は、天竺・百済・日本なり」とあります。

また、応永7（1400）年に起こった大塔合戦の様子を記した『大塔物語』は、「およそ、善光寺は、三国一の霊場、生身弥陀浄土」と記しています。平安時代にまとめられた縁起は、中世になるとさらに展開し、室町時代には善光寺如来は生身如来で、善光寺は「三国一の霊場」という考えが定着していました。

善光寺式阿弥陀三尊像の前立本尊（© 善光寺）

大町市八坂藤尾の覚音寺に

ある木造千手観音立像（国重要文化財）には、「南閻浮提《なんえんぶだい》大日本国東山道信州安曇郡御厨藤尾郷内覚薗寺」と記した胎内造像銘が納められています。この観音像の施主だった平盛家が、自らの所在を阿弥陀様に伝えるために記した、いわば住所ということですが、ここには、中世の人々が持っていた仏教的世界観が表れています。

「南閻浮提」とは「須弥山《しゅみせん》のふもとにある人間界」を意味する仏教的世界観を示していますが、先の『応安縁起』には、「西域記に云う、南閻浮提は四つに分かれる、西は波羅《バラ》痆斯《ナシ》（西インドのベレナス）、北は胡国《ここく》（モンゴル）、東は震旦（中国）、南は五天竺（インド）なり」と記してあります。中世の人びとは仏教的世界観をもとに、モンゴル、中国、インドなどのなかに日本を位置づけるようになったといえます。

東アジアと交流する信濃

善光寺信仰の国際的性格は、観念上の問題だけではありません。善光寺の活動は海を渡った朝鮮半島にまで及んでいました。

応仁2（1468）年、善光寺別当の善峰《ぜんぽう》が朝鮮に使者を送ったことが『海東諸国紀』に記されています。この書は、李氏朝鮮の宰相「申叔舟《しんしゅくしゅう》」が日本国と琉球国について記述した歴史書で、成宗2（1471）年に刊行されました。

「善峰　戊子年、遣使来朝す、書に、信濃州禅光寺住持比丘善峰と称す、宗貞国の請を以って接待す」

意訳すると、「善光寺住持（別当）の善峰という者が、使者をわが国（朝鮮国）に遣わした。信濃州禅光寺住持比丘善峰と名乗り、対馬領主宗貞国《そうさだくに》を介してわが国に交渉を求めた」です。これ以上の事実は記されていませんので、目的や使者派遣の背景などはわかりませんが、善光寺が独自の外交交渉を行い、おそらくは貿易活動などが行われたのではないかと推測されます。

また、信濃出身の良心という僧が、

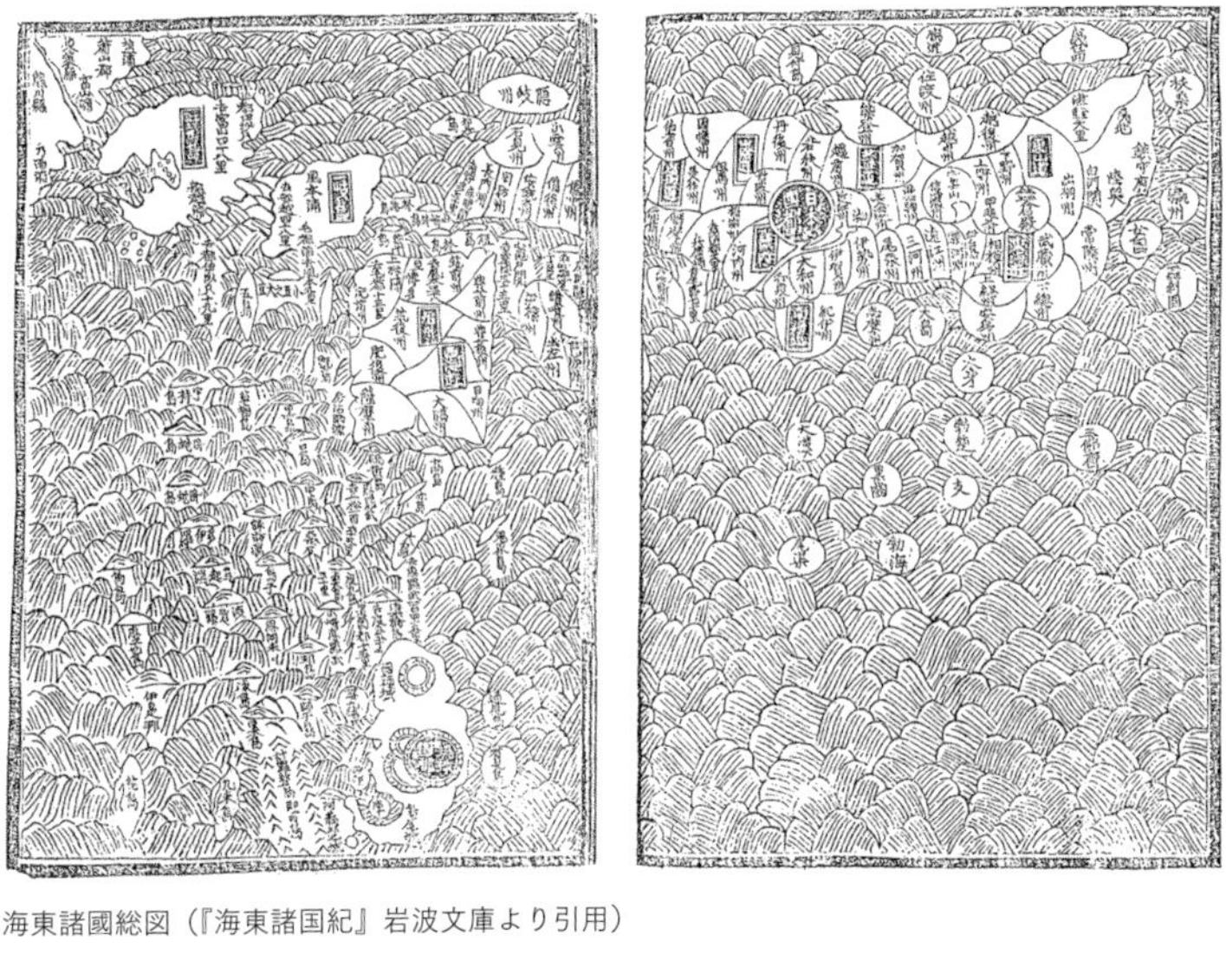

海東諸國総図（『海東諸国紀』岩波文庫より引用）

明と李氏朝鮮と日本の三カ国を渡り歩いて、朝鮮に御灸の方法を伝えたことも知られています。彼は、文明5（1473）年に室町幕府の管領畠山義勝の名を借り、その副使として朝鮮に渡って、能登国天徳寺の大蔵経への援助を申請しました。このとき、良心は「神《じん》応経《のうきょう》」と「八処灸法《はっしょきゅうほう》」という医療技術を朝鮮にもたらし、それが朝鮮の人々に大いに喜ばれたことが記録されています。

この記事は善光寺の活動を直接物語るものではありませんが、中世において信濃が東アジアと直接結びつく環境にあったことを示しています。

（福島　正樹）

世界も驚いた松本城下の水事情

城下町の水道整備

松本城下町（松本市）は「水の町」として知られています。街中のいたる所にきれいな水が流れ、有名な「源池《げんち》の井戸」をはじめとした豊富な湧き水があります。「どうぞお飲み下さい」とコップが置いてある場所さえあります。

平成27～28（2015～16）年に行われた信濃毎日新聞社松本本社建設に伴う松本市教育委員会による発掘調査では、松本城や城下町が形づくられ始めた戦国時代の終わりごろから、

信濃毎日新聞社松本本社建設地の松本城下町跡発掘調査現場
（松本市教育委員会提供）

幕末・明治時代までの井戸や水道施設が見つかりました。松本の人々は昔から、この豊富な水を上手に利用して暮らしていたのです。

戦国時代末から江戸時代初めの井戸は、地下の水脈まで四角に穴を掘り、穴の壁を板で崩れないように押さえ、底にたまった水を汲み出して使う溜め井戸でした。

江戸時代の中ごろになると、バケツのような形の桶の底を抜いて、地下水脈まで数段積み重ねて埋めた形の井戸がでてきました。この形の井戸には、桶の側面に竹管を差し込んで、水を配る機能を持つものも出てきました。

さらに時代が進むと、埋めた桶の底につけた竹の管を地下水脈まで延ばした井戸がつくられるようになります。これだと、地下水脈の水の圧力で、管から水が噴き出してきます。たまった水は、桶の側面につけられた竹管などで各屋敷に分配されていました。現代の上水道といえるものが江戸時代からあったのです。

井戸からの配水管には、竹管と木樋《もくひ》の2種類あります。竹管は竹の節を抜いたもので、屋敷内での配水など末端部で主に使われていました。木樋は、水に比較的強い檜《ひのき》や松を材料に、水源から出る本管やそれに近い部分で使われています。

竹管、木樋とも1本の長さは約4mが基本で、それ以上長く伸ばす時は、継手《つぎて》と呼ばれ

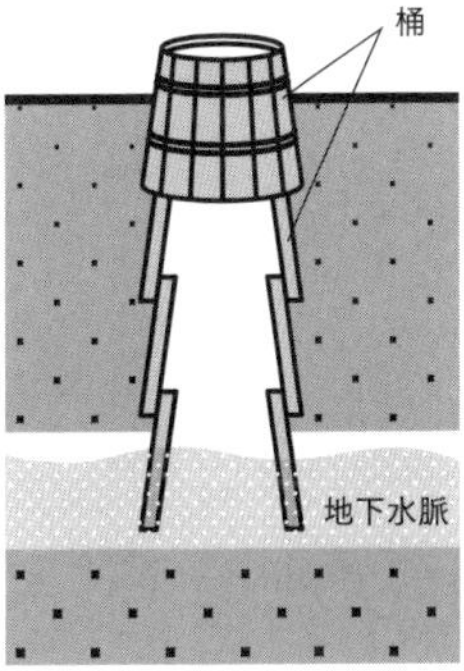

底を抜いた桶を重ねた溜め井戸

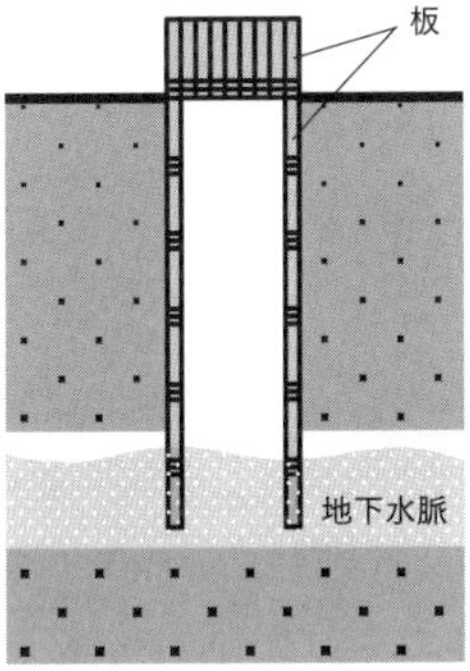

四角く穴を掘った溜め井戸

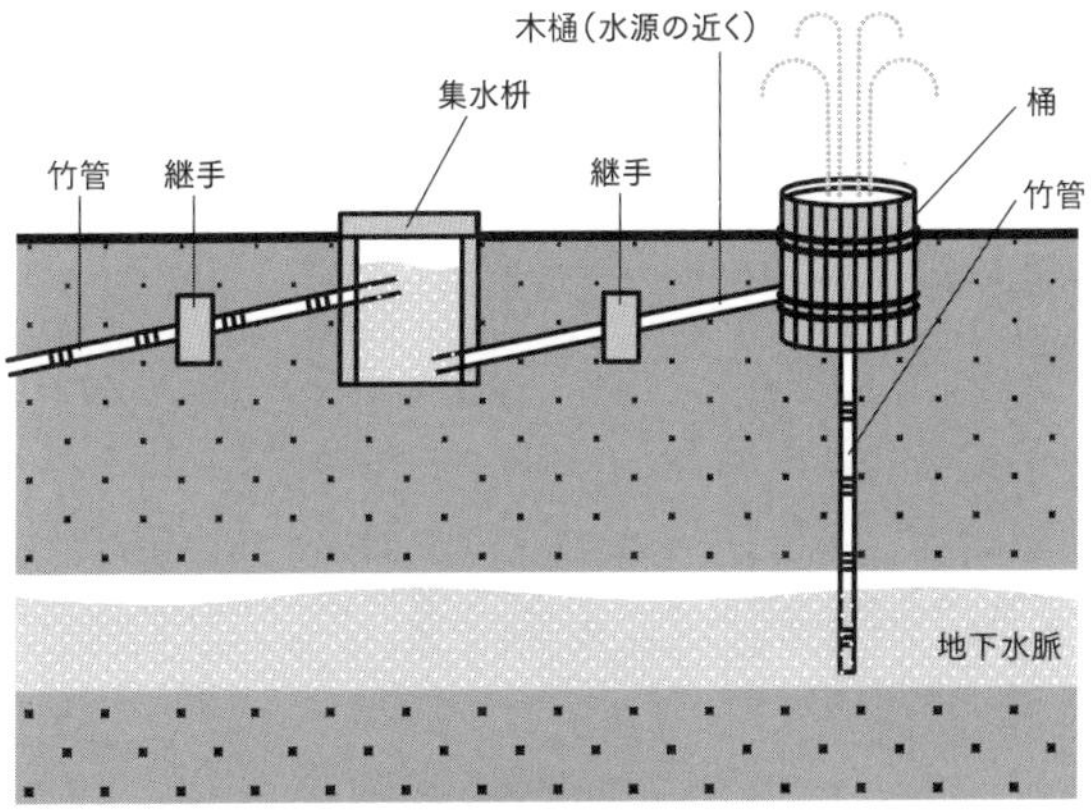

松本城下町で見つかった井戸や水道の模式図
（松本市教育委員会のイラストを元に作成）

るジョイント器具を使いました。発掘調査では、継手の部分や木樋に蓋《ふた》をする際に、シュロの繊維を隙間に挟んで水漏れを防いでいたこともわかりました。

水を流すのには、高低差による勾配を利用していました。長い距離を流す時は、途中に集水枡《ます》を設け、水をためて水位を上げ、さらに次の流れをつくる方法を取っていました。

松本城下町では江戸時代の中ごろ以降、武家屋敷はもちろん町人たちの住む町屋でも水道が整備されていったようです。ただ、整備されていった時期は町によって違いがあります。これは、水道の整備が、各町でお金を出し合ってつくっていったことと関係しているのでしょう。

松本城下町の水道（松本市教育委員会提供）

城下町で水を確保するあの手この手

松代城下町（長野市）の発掘調査でも、水道施設が見つかっています。松本城下町と同じく竹管を用いて屋敷に水を回していました。継手に両方から竹管を差してつないでいる様子が見られ、その隙間にはやはりシュロが挟まれていました。

小諸市郷土博物館にも水道に使われたとされる木樋が収蔵されています。これは発掘調査されたものではありませんが、城下町での工事の際に、住宅の敷地内から見つかりました。

高遠城（伊那市）でも水に関する発見がありました。高遠城跡の発掘調査で見つかった城内での配水に使われた土管です。土管は1本の長さが1・2mほどで、何本もの土管をつないで城内に水を引いていた様子がわかります。

高遠城は河岸段丘上につくられた城で、下の中沢川までは30mもの比高差があります。このため水の便があまりよくありませんでした。そこで、城の東側にある月蔵山の沢から水を引くことを考え、そのための土管づくりに着手したのです。焼き物が盛んな美濃地方（岐阜県）から陶器職人を招き、専用の窯をつくって土管を焼かせました。初めの計画では、

高遠城下町出土の焼き物の土管（上）と出土状況
（伊那市教育委員会蔵）

約２万本の土管が必要とされ、約７０００本の土管が実際に焼かれ埋められたといわれています。この焼き物が、幕末から明治にかけてこの地で盛んとなった高遠焼のもとになりました。

平成29（２０１７）年、高遠藩士の子孫の家から１枚の図面が見つかりました。これは、月蔵山の水場から城内三之丸内までの水を引くための計画が書かれた図面で、この時の目的は三之丸内庭園に水を引くためだったようです。

いま、この図面で土管があったとされる場所にはゴムホースがあり、高遠城跡周辺の集落まで水が引かれています。図面の水路とほとんど同じ位置です。江戸時代につくられた水の道がいまも使われ、これを使う高遠の町はいまも続いています。城や城下町をつくる際に、当時の人びとは長く続くことを願ったでしょう。無くてはならない水の確保は、城や城下町づくりの第一歩だったのです。

日本の水道の始まりは室町時代末期の16世紀半ば、北条氏が小田原城下の飲み水を確保するために、近くを流れる早川の水を引いた「小田原早川上水」だといわれています。豊臣秀吉による天下統一の締めくくりとなった天正18（1590）年の小田原征伐。これに参加した徳川家康をはじめとする各地の大名らが、この水道技術を見て驚き、自分の地元での城下町整備の参考としたと考えられています。

徳川家康も江戸の城下町建設にあたり、神田上水や玉川上水など、のちに「江戸の六上水」とよばれる上水道をつくりました。その後に人口100万人を超え、世界最大になったともいわれる江戸の町にとって重要となる水の確保に力を入れたのです。

江戸と同様、松本をはじめ各地の大名にとっても城下町の水の確保は、自らの城下町統治のために欠かせないものでした。

松本の城下町で見られるような各屋敷にまで水道を引く日本の上水道技術は、当時の世界では最も進んだ技術でした。このころのヨーロッパでは、水源地から町まで水を引き、町の広場などに水飲み場や、水汲み場をつくる例は見られますが、各家庭にまで水道管で水を引くような技術はまだ広がっていませんでした。

信州でも松本をはじめ、松代、小諸など各地の城下町で水道の整備が進められていたことが発掘調査や出土品からわかっています。つまり江戸時代の信州は世界の最先端を進んでいたことになります。

信州に残る世界の最先端を知る

水は人々の生活になくてはならないものです。これは大昔から万国共通であり、人は生きるために、さまざまな工夫を凝らして生活に必要な水を確保していました。とかく「西洋文化＝進んでいた、日本文化＝遅れていた」と考えがちですが、昔からヨーロッパに匹敵、あるいはさらに上をいく技術や文化が日本にはあったのです。

たとえば、北信濃野尻湖の近くから見つかった部分的に磨かれている磨製石斧約1000点は「世界最古の磨製石斧」として有名になりました。その価値が認められ、日向林B遺跡（上水内郡信濃町）出土の磨製石斧は国の重要文化財に指定されています。

平成29（2017）年の夏、松本市会田中学校2年生の社会科の授業で「江戸時代の人びとの生活」を取り上げました。このとき注目したのが、地元松本の城下町の発掘調査で見つかった江戸時代の上水道技術です。生徒たちは、この水道についての信濃毎日新聞コラムを題材に、世界最先端だったとされる日本の技術や暮らしを地元松本の事例から学びました。

水を汲み上げ、管を流して分水する方法などについて調べると、水漏れを防ぐ工夫や高低差を利用して水を流す技術があったことがわかります。生徒たちはさらに上水道ができたことで人々の生活がどのように変わっていったかを想像しました。

「きれいな水が飲めるようになった」

「水を汲みに行く時間がいらなくなった」

「地元でも技術が発達している

城下町の中心にそびえる松本城

ことを知ることができたし、現在の生活は昔の人の努力があってこそだと感じた」

生活の中にいろいろな工夫をすることで、人びとの生活は変わっていく、良くなっていくことを実感できたようです。

信州にはこうした世界最先端の歴史が多くあります。次世代の若者たちはそれを誇りや自信として、自分の未来を創っていってほしいと思っています。

（中野　亮一）

ヨーロッパを目指した若き才能

片道切符で海を渡る

今では特に珍しくない油絵、ブロンズ彫刻、水彩画といった西洋美術は、明治時代以降に欧米からもたらされた新しいジャンルです。

これらの洋風美術を本格的に学ぼうとした場合、本場ヨーロッパへ留学するのが理想的といえます。これは現代でも事情は変わりません。かの地に渡るだけで大変な労力と資金を要しますが、交通が未発達な明治時代は、国家による公費留学か、財界の経済的支援でも得られなければ、その実現は絶望的でした。

明治時代にヨーロッパに学んだ洋画家として最も有名なのは、黒田清輝《きよてる（せいき）》でしょう。薩摩《さつま》（鹿児島県）出身の黒田は、もともと法律を学ぶためにフランスに留学しますが、留学途中の明治19（1886）年、絵画に転じてラファエル・コランという当時の人気画家に師

若き日の丸山晩霞（右）と吉田博
（撮影年不詳、丸山晩霞記念館蔵）

事しました。帰国後は「外光派」という明るく平明な画風を日本にもたらし、「湖畔」「智・感・情」（いずれも国重要文化財）などの名品を残しました。

しかし、黒田のような恵まれた境遇の画家はごく一部に過ぎませんでした。ましてや薩摩藩士に代表される、明治政府の要職を占める階層の出身でない者にとっては、ヨーロッパに向かうこと自体がとてつもない難事業でした。

こんな時代にあって、最初に信州からこの目的を果たしたのは東御市生まれの水彩画家、丸山晩霞《ばんか》（１８６７〜１９４２）でした。

晩霞は、幕末の慶応３（１８６７）年、小県郡祢津西町（東御市）に生まれました。明治21（１８８８）年に上京、画塾である彰技《しょうぎ》堂に入り、本多錦吉郎《きんきちろう》に洋画を学びます。明治30年代から頭角を現した晩霞は、やがて水彩を専門とする風景画家として人気を博していきます。

水彩はイギリスに起源を持つ絵画技法で、日本では小学生の図画の授業など学校教育で活用されているため、油絵や日本画に比べるとなじみが深いといえます。しかし、一流の技術を持った画家が本格的な画材（透明水彩）で描くとき、他のどの技法にもない独自の魅力を持つ作品が生まれます。日本でも明治30年代後半、水彩の特性を生かした名作が描かれ、絵画の主流となりました。とりわけ風景画に名品が多く残されています。晩霞は、この「水彩画の黄金時代」に中心作家として活躍しました。

晩霞が明治 31 年に描いた「新張（みはり）」（丸山晩霞記念館蔵）

明治33（1900）年の秋、晩霞は友人の洋画家、満谷国《みつたにくに》四郎《しろう》、河合新蔵、鹿子木《かのこぎ》孟郎《たけしろう》とともに太平洋を渡り、アメリカに向かいます。4人が持っていたのは、片道の切符と日本国内の風景を描いた大量の水彩画だけ。公費留学など望みようもない彼らは、大胆にもアメリカで自作の展示即売会を開催してヨーロッパ行きの資金を稼ごうとしたのです。11月初旬、4人はサンフランシスコに上陸、西海岸に向かいます。一方、一足早くアメリカ経由で渡欧していた洋画家の吉田博と中川八郎もまた、一行の渡米を知り、アメリカに戻ります。こうして6人の日本人画家がボストンで合流、ボストン・アート・クラブを会場に「水彩画六人展」が開催されました。

結果は、晩霞たちの目論見《もくろみ》どおり大成功を収めました。その後、ロードアイランド州のプロビデンス、ワシントンでも同様の展示会を開き、いずれの会場も大盛況で、持参した作品は早々に完売、毎晩ホテルで追加の作品制作に追われるほどであったといいます。水彩という西洋の技法によって日本の風景を描いた作品が、アメリカ人に認められたのです。

こうして思わぬ大金を手にした彼らは、意気揚々とヨーロッパへ向かいました。その後、晩霞は水彩画の本場ロンドンを拠点にフランス、イタリア、スイスなど各国を旅行し、各地の風景をつぶさにに観察するとともに、美術館や博物館を精力的に見て回りました。ヨーロッパの古典美術を研究した晩霞は、明治34年秋に帰国し、翌35年には「太平洋画会」(小山正太郎、浅井忠《ちゅう》らが創立した明治美術会から改称)という洋画と彫刻の美術団体の設立に参加しています。

ヨーロッパ留学の夢

彫刻家荻原守衛《おぎわらもりえ》（1879〜1910、号は碌山《ろくざん》）は明治12（1879）年、南安曇郡東穂高村（安曇野市）に生まれました。明治32年、画家を目指して上京し、洋画家小山正太郎の不同舎《ふどうしゃ》に入り風景画を学びます。やがて、美術の本場フランスで本格的に勉強したいと考えるようになり、明治34年、まずアメリカに渡ります。守衛はニューヨークで資産家の家僕《かぼく》として働きながら美術学校に通い、2年後にようやくパリへ渡ることができました。

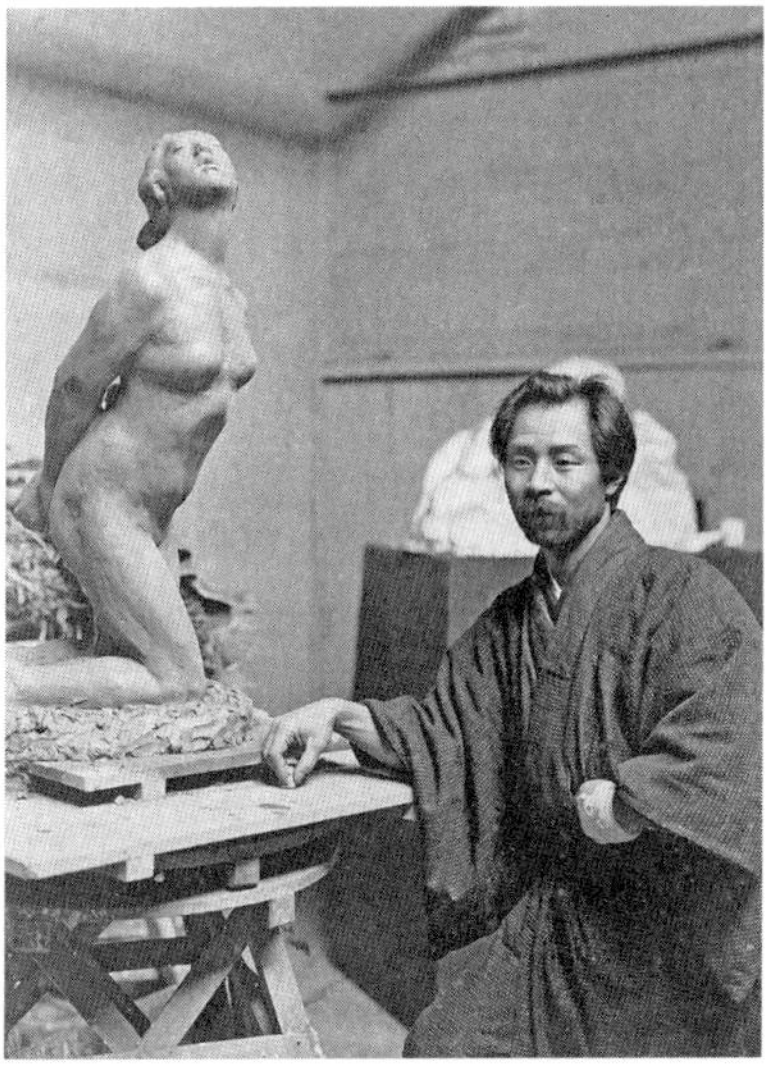

明治43年の荻原守衛。左側は絶作「女」
（碌山美術館蔵）

　パリに着いた守衛は、同郷の先輩画家・中村不折《ふせつ》と出会い、自室に招かれます。そこで、他人からの援助はいっさい受けずに、自活して留学を続ける不折のバイタリティーに大きな刺激を受けます。

不折は既に留学3年目で、アカデミーの巨匠ジャン＝ポール・ローランスをはじめ多くの教師から教えを受け、人物画の基礎を学び終えつつありました。

ほどなくして、守衛もパリ市内のいくつかの美術学校に入学して、人体デッサンを本格的に学び始めます。守衛は7カ月間パリに滞在しましたが、経済的な理由からいったんアメリカに戻ることにします。

明治40年に守衛がフランスの美術学校アカデミー・ジュリアンで制作したブロンズ像「女の胴」（碌山美術館蔵）

そんなある日、グラン・パレで開催されていた国民美術協会展で、偶然目にした1点のブロンズに大きな感動を覚えました。オーギュスト・ロダンの「考える人」です。守衛はこの時初めて、彫刻家になろうと決心したといいます。

アメリカで2年余り働いた守衛は明治39年10月、満を持して再びパリに渡ります。パリで最大の民間美術学校であるアカデミー・ジュリアンの彫刻部に入り、本格的に彫刻を学び始めた守衛は、毎月開催されるコンクールで入賞を重ねるなど、その成果には目を見張るものがありました。また、ロダン本人からも直接指導を受けることができ、充実した留学生活を送ります。帰国後、守衛も太平洋画会に参加しました。

どこまでも独力で

守衛に感化を与えた中村不折（１８６６〜１９４３）は、慶応２（１８６６）年江戸の生まれです。少年期を両親の出身地伊那市など中南信各地で過ごしました。貧困と闘いながらも画家になる夢をあきらめず、明治21年、念願の上京を果たして不同舎に入学、小山正太郎と浅井忠に師事して風景画を学びます。

明治27年、新聞「小日本」の編集責任者正岡子規《しき》の知遇を得たのを契機に新聞挿絵の仕事を始めます。以後、「小日本」「日本」「東京朝日新聞」などを舞台に、新聞挿絵の第一人者として活躍します。なお不折の作品は、正確には挿絵ではなく、本文とは独立した絵で「駒絵」と呼ばれていました。

明治34年8月にフランスに留学。30代も半ばを過ぎてから、日本に妻子を残しての単身留学でした。既に新聞の画家や装幀家としての仕事は順調で、それなりの収入はあったはずですが、留守中の家族の生活のことを考えると相当の節約を強いられたことでしょう。

不折のフランス留学期間は約3年半に及びます。この間、外交派のラファエル・コラン

明治35～38年のフランス留学中、美術学校アカデミー・ジュリアンでの中村不折
（中央の椅子に座る人物、台東区立書道博物館蔵）

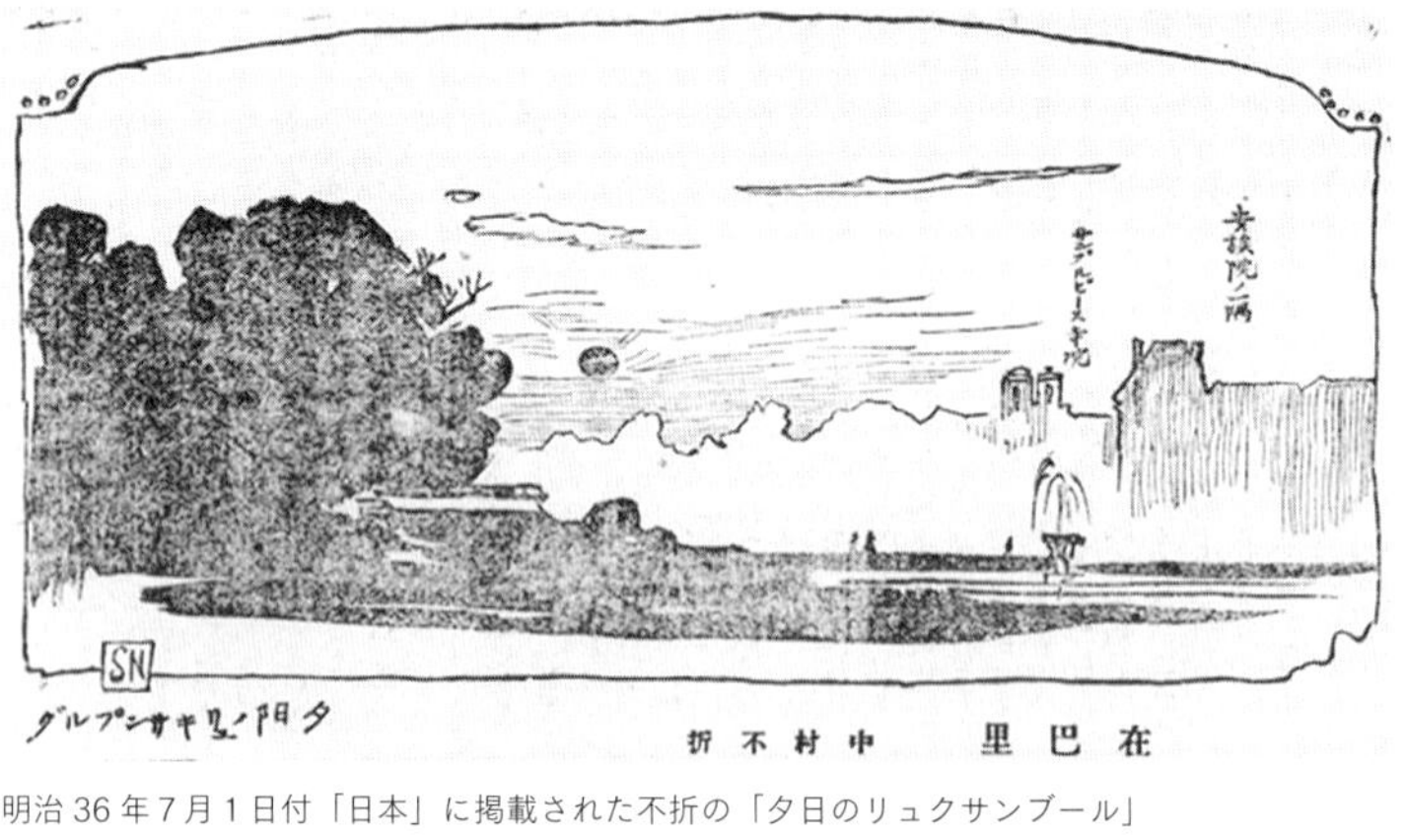

明治36年7月1日付「日本」に掲載された不折の「夕日のリュクサンブール」
（台東区立書道博物館蔵）

から木炭による基礎的な人体デッサンを学んだ後、明治35年にはアカデミー・ジュリアンに入学。歴史画の大家ジャン＝ポール・ローランスをはじめとする著名な教師陣のもとで徹底的に人物画を学びました。

並行して、休日は日本新聞社の社員としてパリ市内や郊外を精力的に取材してまわりました。彼の作品は連載物が多いのも特徴で、「欧行画報」「巴里の公園」「巴里の下宿屋」などのシリーズが新聞「日本」の紙面を彩り、その原稿料は自身と家族の生活を支えました。つまり不折は留学生でありながら、同時に新聞記者であり、プロの画家だったのです。

帰国後はやはり太平洋画会の会員となり、中国や日本の歴史を題材とした油彩画の発表を続けました。書家としても異彩を放ち、「六朝《りくちょう》風」と称される独自の書風を確立しました。さらに、膨大な書道資料を蒐集し、昭和11（1936）年には独力で「書道博物館」を設立、これが現在の台東区立書道博物館の前身です。ちなみに、安曇野市にある

安曇野市穂高にある荻原守衛の墓。大正12年、守衛の十三回忌に建立された。墓碑銘は不折筆

守衛の墓碑銘「故碌山《ろくざん》荻原守衛之墓」は不折が揮毫したものです。

もうひとつの明治美術

西洋の美術を学び、日本に定着させようとする試みは、すでに幕末から始まっていました。

たとえば、安政4（1857）年から、幕府の西洋文化研究施設「蕃書調所《ばんしょしらべしょ》」に出仕し、いち早く西洋絵画を研究したのが、信州松代藩士の川上冬崖《とうがい》です。蕃書調所は洋書調所、開成所と名称を変え、維新後は大学南校《なんこう》（後の東京大学）として再興されました。冬崖は一貫して洋画の研究と後進の育成にあたり、明治2（1869）年2月、東京下谷に洋画塾「聴香読画館《ちょうこうどくがかん》」を設立します。ここからは小山正太郎をはじめ後に明治を代表する洋画家が輩出しました。

日本人として最も早くヨーロッパに留学したのは、国沢新九郎《しんくろう》という画家です。国沢は明治3年7月、高知藩の派遣する留学生の一員としてアメリカとイギリスに渡り、最初は法律を、後にロンドンで美術を学び、明治7年に帰国しました。その後、画塾「彰技堂」を設立し、丸山晩霞の師となる本多錦吉郎らを指導します。

明治10年代から20年代になると、行きすぎた西洋化に対する反動として国粋主義的な文化政策が優勢となり、西洋美術は公的な教育機関からは排斥されます。こうした「洋画冬の時代」にあって洋画教育を支えたのが、私設の画塾です。彰技堂や不同舎もそうした私塾で、晩霞も守衛も不折も、そこから画家としての第一歩を踏み出していったのです。

明治の美術といって真っ先に思い浮かぶのは、横山大観の日本画や黒田清輝の油絵ですが、決してそれだけではありません。3人の信州人が浮き彫りにしたのは「もうひとつの明治美術」の存在ではないでしょうか。

3人に共通するのは、明治藩閥政治の中心階層の出身でないということです。公費留学の可能性は低く、家庭も裕福ではなかったため、苦学の道を歩まざるを得ませんでした。しかし彼らにとって幸いだったのは、師匠となった小山正太郎、浅井忠、そして本多錦吉郎といった明治洋画の先駆者が、それぞれの私塾で広く門戸を開放し、当時としては最良の美術教育を行っていたことでしょう。

一方、ヨーロッパに渡るという目的は同じでも、そのための資金獲得の方法は三者三様でした。自作の展示即売会をアメリカで開催して成功した丸山晩霞、経済力のあるアメリカ人の家庭で働いて資金を得た荻原守衛、そして留学先でもプロの画家として働き、定収入を確保しながら、アカデミックなデッサンを学んだ中村不折。いずれも、逆境に屈することなく人生を切り開いたパイオニアにほかなりません。

信州ゆかりの3人の画家の生涯と芸術については、彼らの芸術とコレクションを顕彰する記念館があります。足を運んで、自身の目で、偉大な業績を確認してみてください。

（林　誠）

丸山晩霞記念館
東御市常田505―1／電話0268―62―3700

碌山美術館
安曇野市穂高5095―1／電話0263―82―2094

台東区立書道博物館（中村不折記念室を併設）
東京都台東区根岸2―10―4／電話03―3872―2645

戦争遺跡が記録する消えない記憶

郷土部隊は地元の誇り

明治政府は、アジアに勢力を伸ばしてきた欧米諸国に対抗しようと「富国強兵」をスローガンに掲げ、軍事力の増強を進めます。

江戸時代には武器を取って戦場へ向かうのは武士でしたが、明治6（1873）年の「徴兵令」によって、20歳以上の男子は兵隊になることが義務づけられました。さらに、軍隊の拠点として各地に連隊が置かれ、地域の人々が兵士として入隊し、訓練を受けて戦場へ向かいました。連隊が置かれた地域の人々は「郷土部隊」と呼んで、誇りにしていたのです。

長野県には日露戦争後の明治38（1905）年に編成された「歩兵第五〇連隊」が、松本に置かれました。当時、松本にとって第五〇連隊の誘致は悲願で、町長だった小里《おり》頼永《よりなが》自らが誘致に尽力していますかのように、松本の人々は連隊が置かれたことを自慢するかのように、松本のことを「軍都松本」と呼びました。

歩兵第五〇連隊は、大正7（1918）年のシベリア出兵を皮切りに、済南事変（1928）、満州事変（1931）、日中戦争（1937）と、中国大陸の戦闘に参加しました。特に、日中戦争では現役兵の第五〇連隊が満州に配置されていたため、昭和12（1937）年に長野県出身の補充兵で臨時に編成された歩兵第一五〇連隊が上海、南京の戦線に投入されたのです。同連隊は激しい戦闘を繰り広げ、戦死者は1000名を超えました。歩兵第一五〇連隊は昭和14年に松本に戻り、編成解除となりました。歩兵第五〇連隊も一度松本に戻りますが、昭和16年に満州の遼陽に本拠地を移すことになり、松本を離れます。

中国との戦争が大陸全体に拡大して泥沼化していた昭和16年12月、日本はアメリカをはじめとした連合国と太平洋戦争を始めます。戦線は、西はインド、南は南太平洋諸島、さらにはニューギニアまで拡大しました。

太平洋戦争の中盤、昭和18年のガダルカナル島での敗退をきっかけに、南太平洋上でアメリカ軍の巻き返しが始まりました。再び松本で編成された歩兵第一五〇連隊は、昭和18

年12月に動員命令を受け、翌年2月に主力部隊は3隻の輸送船で南太平洋上のトラック島に向かいました。

ところが、そのうち2隻は2月17日にトラック島西北でアメリカ軍の艦載機の攻撃を受け、サイパンに一時的に退避したもう1隻も潜水艦の魚雷攻撃を受け、3月3日に沈没してしまいました。護衛していた駆逐艦などに救助され、歩兵第一五〇連隊はやっとの思いでトラック島に上陸しましたが、約700名が戦死したほか、ほとんどの装備を失ってしまいました。その後、トラック島の守備につきますが、本土からの補給もないままアメリカ軍の空襲を受けて終戦を迎え、帰還することになりました。

現在、信州大学松本キャンパス内に、歩兵第五〇連隊の建物の一部が残っています。軍隊の食料などを保管していた糧秣庫《りょうまつこ》として造られたもので、いまは信大医学部の資料室として使われています。また、安曇野市には演習場の門跡が残っています。

総力戦時代の戦争遺跡

太平洋戦争が始まると、軍用機のパイロットの養成が急務となりました。すると、練習飛行場が必要となります。

信州大学松本キャンパス内に残る歩兵第五〇連隊の糧秣庫

長野県内では上田市と長野市の市営飛行場が陸軍に接収され、新たに伊那市と松本市に陸軍飛行場が建設されることになりました。この工事には、一般市民のほか中学生、石拾いのため小学生までもが動員されました。さらには、当時日本の領土であった朝鮮半島からも大勢の人々が連れてこられ、工事が進められます。昭和19年に完成し、練習機が飛び交うようになりました。

昭和20年、B29による本土空襲が激化すると、練習用であった陸軍松本飛行場は、重爆撃機の基地のほか、沖縄戦に向かう特攻機の中継基地としても使われるようになります。

さらに、陸・海軍の研究機関や戦闘機

を造る工場が空襲を避けるために内陸部の長野県への移転を計画します。建物を新たに造る時間はなく、既にある学校の建物などが使われました。戦闘機を造る工場は、松本市や上田市などの山に穴を掘った地下に建設が進められます。工場へは、一般の人々や学校の生徒たちが働きに行きます。兵士として戦場に向かうだけでなく、すべての国民が「お国のために」のもとで勤労奉仕し、あらゆるものが戦争遂行のために利用される「総力戦」の時代になりました。

日本軍は、アメリカ軍との最後の決戦を関東地方で行う計画を立てる

陸軍松本飛行場の跡地に残る格納庫の基礎部分

と、皇居と大本営の通信機能の強化など日本政府の中枢機能を移転させるために、埴科郡松代町（長野市）の山中に大規模な地下壕の建設を始めます。地元や朝鮮半島の人々が作業に従事しました。完成する前に終戦を迎えたため、使われないままでしたが、象山《ぞうざん》、舞鶴山、皆神山《みなかみ》に掘られた地下坑道は長さ10㎞にも及びます。

長野市と上田市が空襲を受け、大きな被害が出た2日後の8月15日、戦争は終わります。その日を境に軍事施設は必要がなくなり、転用されたり、そのまま壊れるのに任されることになりました。

現在、松代大本営地下壕跡の一部は気象庁松代地震観測所や信州大学の宇宙線観測施設などに使われています。

ベトナムで戦ったある兵士の記録

長野県出身の兵士にとって、太平洋戦争はどんな戦争だったのか。大正12（1923）年、塩尻市に生まれ、農業に従事していたKさんの残された軍隊手帳から紹介しましょう。軍隊手帳は、軍人勅諭や戦陣訓など軍人の心構えが記されるとともに、兵士の身分証明書の役割を果たし、軍隊での略歴が記入されています。

昭和18年12月（20歳） 現役兵として、東部四九部隊に入隊

19年1月 門司港（福岡県北九州市）出発

3月 台湾経由で、フランス領インドシナのサイゴン（現ホーチミン）に上陸

歩兵第八三連隊第二機関銃中隊に配属、コーロで警備にあたる

5月 A型パラチフスにかかり、第1野戦病院に入院

6月 一等兵に昇級

7月 退院して復隊

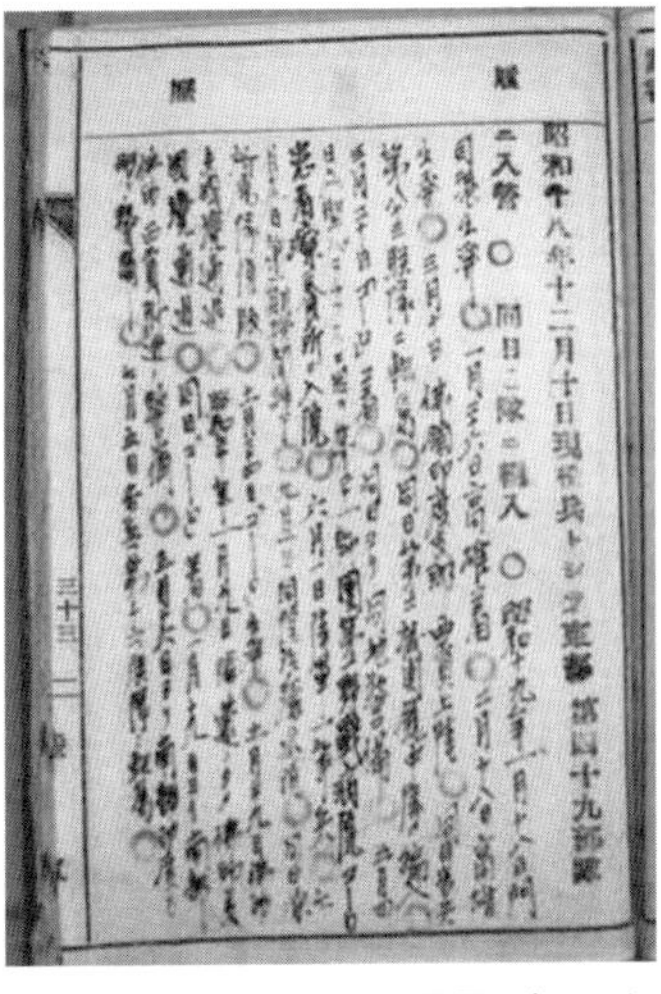

長野県出身兵士の軍隊手帳と軍歴が書かれたページ（長野県立歴史館蔵）

11月　一号策応作戦参加のため中国国境に進出
20年1月　コーロ帰還、サイゴンの警備
3月　明号作戦参加
5月　南部インドシナの警備
7月　歩兵第一六連隊に転属

ここまでの履歴は、赤丸で区切ってペンで細かくきちんと書かれていますが、これ以降は鉛筆を使って大きな字でメモのように書かれるため、薄くなり判別できない部分もあります（□は判別できない部分）

7月5日　第一六連隊□□大隊第二機関銃中隊編入
8月8日　機関銃中隊編入
9月2日　終戦
9月3日　西貢（サイゴン）附近の治安維持
21年3月1日　陸軍上等兵に昇級
4月21日　□□附近

5月2日　西貢（サイゴン）出帆
5月21日　鹿児島着
　　同月同日復員完結、　月　日除隊

履歴と戦歴には、所属、任地だけが箇条書きで記されますが、それがかえってKさんの兵士としての2年半をリアルに伝えてくれます。Kさんにとっての終戦は本土から離れていたためか9月2日、除隊日が記入されていないのは昭和22年はすでに帝国陸軍はなくなっているためでしょうか。

この軍隊手帳には、「SCREENING CLEARANCE TICKET」がはさまれています。連合国南東アジア司令部がKさんに発行した出港許可証と考えられます。発行日は「1/5/46」（1946年5月1日）、サイゴン出港の前日です。裏面には「本証ヲ紛失シタル場合ハ重大ナル結果ヲ招クベキニツキ保管ニ厳重注意スベシ」と印刷され、その横に鉛筆で「昭和二十一年四月三十日発行され　同日乗船　五月十三日内地に上陸　十七日帰郷　思出の證書」と記されています。Kさんにとって、出港前日に複雑な思いの中で渡された、ふるさとに帰ることを約束された許可証であったのでしょう。

歴史の転換を伝える忠魂碑

兵士になると、死を覚悟しなければなりません。彼らの死は国家にとっては必要な死であっても、兵士個人にとっては自ら望んだものでもなく、家族には受け入れがたい死でした。国家にとって戦死者をどのように葬り祭るかは大きな課題でした。また、戦死者を送り出した地域も、大切な仲間たちの戦死を何らかの形で追悼顕彰しなければなりませんでした。

そのため、戦病死した兵士を忘れないために名前を刻んだ忠魂碑を建立します。碑は学校用地や小学校に隣接して建てられました。忠魂碑は地域から出征して戦病死した兵士の慰霊に加え、子どもたちに国家に忠を尽くす大切さを教育するという重要な役割も与えられました。長野県にも数多くの忠魂碑が残っており、もっとも身近にある戦争遺跡といえます。

松本市入山辺のかつて小学校があった場所には、二宮尊徳像に並んで、長方形の石を組んだ基壇の上に、扁平な自然石を台座にした忠魂碑が建っています。正面には力強く「忠魂碑」「元勲《げんくん》子爵川村影明書」、背面には村出身者の戦死者のうち、「日露戦病没者」8名、

「日支戦病没者」15名、「大東亜戦病没者」１００名、「公務傷病死者」22名の名前が刻まれています。側面には「大正十五年一一月 帝国在郷軍人会入山辺分会建立」「祈念恒久平和　昭和二八年一二月　入山辺村建立」とあります。ふたつの建立年月日と建立者がこの忠魂碑の運命を物語っているのです。

この碑は日露戦争勝利20年を記念して大正15（１９２６）年11月、在郷軍人会入山辺村分会が建てたのでしょう。正面の「忠魂碑」はこの時に刻まれ、裏面には日露戦争の戦死者名が刻まれたと思われます。

それから20年が経った昭和20年の敗戦によって、ＧＨＱ（連合国軍最高司令官総司令部）は、忠魂碑を含めた戦争関連の石碑を学校用地や公共用地から撤去するように、内務・文部両省に命じます。こうした石碑が軍国主義や極端な国家主義思想を宣伝鼓吹するとみなしたのです。各地にあった忠魂碑は、穴を掘って埋められたり、こっそり寺社へ移設したり、ダイナマイトで爆破するなどして、撤去されてしまいました。ところが、昭和26年にサンフランシスコ平和条約が調印されると、忠魂碑はいっせいに掘り出され再建されることになります。

入山辺村は、昭和28年12月に忠魂碑を再建しました。正面には手を加えず、背面全体を削って太平洋戦争までの村出身の戦没者名を入れ、もうひとつの側面に再建の期日とともに「恒久平和」と刻みました。忠魂碑に大戦での村出身の戦没者名を加え、あえて恒久平和と刻んだところに、昭和28年当時の村の人々の願いが伝わってきます。戦死者を追悼顕彰するひとつの忠魂碑から、昭和20年8月15日を境に性格が大きく変わったものの、歴史がわかりやすい形で身近に残されているのです。

昭和28年に再建された松本市入山辺の忠魂碑

記憶を消してはならない

１８６８年に始まる明治維新から、１５０年が経ちました。

１５０年間の前半、日本は海外に領土を獲得するために、朝鮮半島、中国大陸、そしてアジアへと侵略を繰り返しました。兵士として戦った国民ばかりでなく、戦火を交え戦場となった国の人々にも大きな犠牲や苦痛を与えました。昭和16年に始まった太平洋戦争は、昭和20年8月に広島と長崎へ原爆を投下され、8月15日にポツダム宣言を受諾して終結します。

長い間にわたった戦争で亡くなった兵士や一般国民は300万人を超えました。長野県から兵士として戦場へ向かったのは18万9300人、このうち4万8764人が戦死しました。亡くなった場所は中国大陸、フィリピン、ニューギニア、南洋諸島などアジア全域に及びます。

昭和20年以降の150年間の後半、世界各地で戦争が絶えないなか、戦争をしない、戦死者を出さない、平和な日本が現在まで続いてきました。この平和を守り、戦争の惨禍を二度と繰り返さないために、いかに戦争のあった時代のできごとを伝えていくかが大きな課題となっています。

大戦を経験した人たちが年々減りつつある今、戦争体験に耳を傾けることに加え、戦争を伝える資料や、戦争遺跡から学ぶことが大切なのです。

（原　明芳）

完成から60年余、戦時中の重い記憶を刻んで水力発電を続ける平岡ダム(信濃毎日新聞社蔵)

平岡ダムは誰が造ったか

戦時中の労働

平岡ダムは天竜川水系に造られている水力発電用のダムです。昭和15(１９４０)年の工事開始から、中断・再開を経て、昭和26年に完成しました。高さ６２・５ｍ、幅２５８ｍ。平岡発電所へ毎秒２５６立方メートルの水が送られ、４基の発電機を回して10万１０００ｋｗの電力を発電しています。

平岡ダムのある天龍村は長野県の最南端に位置し、愛知県と静岡県に接しています。村の中央を流れる天竜川はダム建設によりその急流をせき止められ、かつての渓谷はダム湖となり、ＪＲ飯田線の秘境駅から、また天竜川の絶壁に沿って走る県道1号線から四季折々に美しい風景を見ることができます。しかしその建設のかげに多くの犠牲があったことを忘れてはなりません。ダム周辺にはさまざま慰霊碑が建ち、ダム建設で亡くなった方の霊を慰めています。

ダム建設工事は昭和15年、日本発送電株式会社が熊谷組に請け負わせて始まりました。日本発送電は昭和14年に設立された国策会社で、戦時体制における経済的資源の統制が目的でした。昭和12年に起こった日中戦争が長期化し、16年には太平洋戦争が勃発した時代、戦争遂行のために名古屋方面の軍需工場へ電力を供給するという使命を担っていたダムだったのです。

皮肉なことに、太平洋戦争の開戦で資材・労働力が不足したため、工事は予定通りに進みませんでした。しかし、戦争の激化で電力需要はさらに高まり、突貫工事を余儀なくされる状況でした。戦地への招集などにより地元の労働力確保も思うに任せなかったため、朝鮮人、続いて連合国軍の捕虜、そして中国人を労働力として動員していく政策が進んでいったのです。

■朝鮮人労働者

明治43（1910）年の韓国併合条約によって日本の領土となった朝鮮半島から、日本本土へ多数の労働者が流入していました。『長野県史』によると長野県下への流入は、昭和2年に2697名、昭和5年には3873名、昭和9年に5700名と増加していきました。日中戦争が始まると、政府は国内の労働者不足を補うため、自由渡航による労働者のほかに、昭和14年に「募集」の名で、さらに昭和17年には「官斡旋」、昭和19年には「徴用」という強制力の強い形態で朝鮮人を労働者として動員し、日本各地で労働に従事させていきます。

平岡ダムの建設工事にも多くの朝鮮人が従事し、工事の主力となりました。『天龍村史』には、ダム建設にあたって「自由渡航組と強制連行組を合わせると約2000人を数えたという」と書かれています。しかし工事の主力であったにもかかわらず、動員された人数、犠牲者数、労働環境などについては未だ不明な点が多く、その解明は今後の課題となっています。

■連合国軍捕虜

昭和17年、政府は労働者不足を補うため、捕虜の一部を日本国内、満州、朝鮮などに移して使役する方針を決めました。天竜川東岸の下伊那郡平岡村（天龍村）満島にも捕虜収容所が開設され、昭和17年11月26日に米軍捕虜73名、11月28日には英軍捕虜80名が到着しました。その後も米英を中心とする連合国軍の捕虜が移送され、最終的には２５０名余の連合国軍捕虜が苛酷なダム工事に従事させられました。悪条件も重なり、捕虜の犠牲者は56名を数えました。

戦後のＢＣ級戦犯を裁く横浜裁判では、満島捕虜収容所に勤務していた日本軍の関係者に対して「捕虜に対して残忍非道なる集団制裁を加えた」「捕虜に対し十分な食糧衣服を与えず、かつ医薬品の供与及び医療手当を怠り、あるいは罹病中の捕虜に対し、体力的に不可能な労務を強要するなど虐待を加えた」などとして死刑６名、終身刑４名という厳しい判決が出ています。関係者のなかには、「親切で思いやりがあり、賞賛と尊敬を得るに値する」という捕虜たちの残したメッセージによって起訴されなかった者もいたといわれています。裁かれた人たち全てに公平で公正な審理がなされたか疑問が残るところですが、戦争では好むと好まざるとに関わらず、誰しもが被害者にも加害者にもなり得るということなのではないでしょうか。

終戦まで捕虜として平岡ダム建設に関わった米兵。完成したダムを見に訪れた昭和27年、地元の温情への感謝を口にする場面も（信濃毎日新聞社蔵）

平成12（２０００）年に、天龍中学校校庭脇の満島捕虜収容所跡は整備され、鎮魂碑が建設されました。鎮魂碑には表に「恒久の世界平和を祈って鎮魂」、裏に56名の連合国軍捕虜犠牲者の名前が刻まれています。

■中国人労働者

政府は中国大陸からも中国人を日本国内に移入し、鉱山やダム建設現場などで強制的に働かせることを計画し、昭和17年「華人労務者移入に関する件」を閣議決定、昭和19年にはさらに「華人労務者移入の促進に関する件」を決定し、移入は本格的に進められました。平岡ダムにも884名の中国人が連行され、過酷な労働を強いられました。中国人労働者の犠牲者は少なくとも62名いたことがわかっています。

昭和22年に、この62名を含む98名の中国人の慰霊碑「興亜建設隊殉職者之碑」が天龍村平岡の自慶院に建ちました。また、昭和39（1964）年には平岡ダムのかたわらに亡くなった62名の慰霊碑が建立され、慰霊祭が行われました。「在日殉難中国烈士永垂不朽」と刻まれた慰霊碑の裏側には、慰霊と日中両国民の不戦の誓いが刻まれています。死亡した者は「オトナシ」と呼ばれる山中に急造された火葬場で焼かれました。その場所にも「中国人烈士火葬場跡」と刻まれた碑が建てられています。

強制連行された中国人労働者らの慰霊塔。「戦争は二度と繰り返すまい」との誓いを込めて建つ（信濃毎日新聞社蔵）

＊＊＊

ダムの主要工事は、資材（とりわけセメント）不足によって、昭和19年5月に一時中断となり、労働者の多くは熊谷組が平岡ダムとともに進めていた南信濃村（飯田市南信濃）遠山川の飯島発電所建設工事に移されていきました。飯島発電所は遠山川から取水して隧道で飯島まで運び、落差を利用して発電する仕組みであったため、さまざまな形で労働力を総動員して工事は続行されたのです。

『南信濃村史　遠山』には「昭和19年　飯島発電所建設のため人夫1500人入村」との記述があり、国策事業の突貫工事を進めるために、多くの労働力が動員されたことをうかがい知ることができます。日本発送電の社員や熊谷組傘下の土木業者はもちろんのこと、「勤労報国隊」として組織化され動員された地域の人々、「学徒勤労動員」として労働に従事した旧制飯田中学校の学生、自由渡航及び官斡旋などにより動員された「朝鮮人労働者」、移入された「中国人労働者」、平岡ダムの工事中止によって動員された「連合国軍捕虜」などが集まったのです。

学徒勤労動員された当時の飯田中学校４年生によると、昭和19年になると学生は通年動員となり、伊那の飛行場建設や飯島発電所の建設工事に従事したそうです。労働の主体は朝鮮人労働者でしたが、中学生にとってはかなりの重労働だったと話してくれました。話の最後に朝鮮人との交流のなかで覚えたであろうアリランの歌を朝鮮語で歌ってくれました。飯島発電所は終戦後の昭和22年に完成し、現在でも発電が行われています。

中断された平岡ダムの建設工事は敗戦後の昭和24年、ＧＨＱの承認を得た後、再開が決定され、翌25年工事に着手しました。26年に国策会社の日本発送電は解散となり、建設主体は「中部電力株式会社」に引き継がれ、昭和27年1月に営業運転が始まりました。工事完成後、中部電力は発電所の庭に「慰霊碑」を建立。工事により犠牲となった日本人33名の名前とともに中国人15名、韓国人13名の人数が刻まれています。この人数の根拠についても不明な点が多いと考えられます。

平岡ダム、飯島発電所に限らず、松本市里山辺の地下工場施設建設、長野市の松代大本営地下壕工事など、戦争遂行のための国策事業が長野県下の各地で行われました。無謀ともいえる太平洋戦争の延長線上に工事が進められ、戦争継続のなかで政府による労働力動員政策が次々と実行されていったのです。日本人をはじめとして、多くの国の人々がさまざまな強制的な労働を強いられました。朝鮮人も中国人も連合国軍捕虜も日本人も、戦争の犠牲者であったといえます。戦争を体験し記憶を持つ人たちが年々減りつつある今、加害の歴史を含めて正確に歴史を知ったうえで、未来について考えていくことが求められます。

飯田市南信濃では独特なタレに漬け込んだ味付け肉が販売され人気を得ています。労働に従事した多くの朝鮮人が、この地の人々と交流するなかで作られた食文化だと聞いたことがあります。人と人はどこかでしっかりとつながり、負の遺産を乗り越えていくことができるものだということを信じていきたいと思っています。

（福島　良彦）

受け継いでゆく長野五輪の遺産

戦前の招致運動

長野県内で最初に冬季オリンピックの招致運動が起きたのは、昭和10（1935）年です。当時は、夏季オリンピック大会の開催国が冬季大会選択の優先権を持つことになっていました。東京が昭和16年の第12回夏季大会に立候補していたので、国内各地から第5回冬季大会招致の声が上がり、札幌（北海道）、日光（栃木県）のほか、長野県内からも志賀高原、菅平、霧ヶ峰、乗鞍が立候補しました。

志賀高原は、志賀高原を開発した長野電鉄社長の神津藤平、地元の下高井郡平穏《ひらお》村（山ノ内町）、平穏スキー倶楽部などが熱烈な招致運動を推進し、中央政界や日本体育協会、スキー・スケート連盟などへ働きかけを行います。昭和10年10月19日には、県スキー連盟技術指導員、安曇村長、上諏訪町長、平穏村長のほか、長野電鉄社長、上田電鉄社長、さらに諏訪スケートクラブ、上田スキークラブなどの呼びかけにより、招致のための発起会を長野市の県立図書館講堂で開きました。

この時の案内書には、「二三道府県に於て関係筋に運動中」「天恵冬季競技に適する地帯多く、何れも東京より比較的近距離に存在し、且つ地方民は古くより之等競技に理解を有する等、国際オリムピック冬季競技場として理想的の地方」などと述べられており、賛同を促しています。さらに同月、長野市長・長野商工会議所会頭・平穏村長・県会議員兼須坂町長・同中野町長・北信スキー連盟会長の連名で、各所に志賀高原会場の選定陳情書を送っています。

県内のほかの立候補地も、関係市町村やスキー団体、地元の私鉄資本などが一体となっ

第一万九千百九十號　（七）

候補地角突き合ひ

霧ケ峰、志賀、菅平何れも野心満々

オリムピック招致の大評定

昭和10年10月20日付信濃毎日新聞朝刊。「候補地角突き合ひ」の見出しが見える（信濃毎日新聞社蔵）

た激しい招致運動を展開しました。長野県は全県協議会を開きましたが、候補地を1カ所に絞ることはできませんでした。昭和11年3月、日本体育協会の冬季会場選考委員会が開かれ、県内の候補地は全て落選。札幌に決定しましたが、日中戦争の拡大により、決定していた東京と札幌のオリンピックは返上となりました。

スキーとスケートは明治時代にヨーロッパから伝わり、爆発的に普及しました。しかし、わずか二十数年のウインタースポーツの歴史の中でオリンピック招致をしようとしたことは驚くべきことです。招致をきっかけに、地域発展につなげようとした人々の熱い気持ちが感じられます。オリンピック開催はかないませんでしたが、この最初の招致運動によってウインタースポーツへの意識や関心が高まったことは間違いありません。そして、戦後の発展へと向かいます。

3度目の正直

戦後の復興が進むと、全日本スキー連盟と全日本スケート連盟は、昭和43年（1968）年開催の第10回冬季オリンピックについて、日本への招致を模索し始めました。昭和35年、両連盟がJOC（日本オリンピック委員会）と招致に向けた折衝を始めると、日本各地で開催地への立候補の動きが活発になります。札幌、日光、苗場（新潟県）のほか、長野県内では再び志賀高原、白馬、軽井沢、乗鞍が立候補しました。

軽井沢町と志賀高原のある山ノ内町は、それぞれ国土計画株式会社、長野電鉄株式会社と一体となり、長野市など多くの市町村の協力を得て奮闘しました。昭和37年に両町長名で提出した開催申請書には、「当軽井沢町・山ノ内町は、ここ数年連続して国体及び全日本等の冬季競技を実施しており、競技場として国内随一を誇っております。いまやスキー・スケート競技は、国際スポーツとして高く評価されるとき、上信越高原国立公園の中にあって、最もよい氷と雪質を提供し得る軽井沢町と山ノ内町が共に協力し、スキー・スケート競技場を整備拡充し、会場とするならば、銀嶺の祭典の会場として最適の場であり、冬季オリンピック大会招致の諸条件は、完全に満足させる絶対の立地条件」と書かれています。このように開催条件の優位さを強調し、有力候補地として名乗り出ました。

しかし、長野県招致調査委員会で県候補地の一本化をすることができず、結局、国は札幌に決定しました。こうして、長野県での冬季オリンピック開催は再び夢と消えました。

県内各地にはその後も、リフトを備えたスキー場や本格的なスケートリンクが次々と完成していきました。県内外から多くのスキーヤー・スケーターが訪れる大ブームの到来です。スキー・スケート産業が発展すると同時に、長野県出身の選手も育って活躍し、オリンピック選手が生まれていくのです。

民間を中心に長野で冬季オリンピックを開催しようという動きが再び高まってきたのは、昭和58年ごろからです。県議会で議題になり、満場一致で大会招致を可決したのが昭和60年3月25日。すぐに吉村午良《ごろう》県知事を会長とした招致準備委員会が設立されました。

それまでの反省から、まず県内候補地を一本化し、開催都市は長野市、山ノ内町と白馬村はスキー競技候補地としました。招致運動のシンボルマークとスローガン「手をつなぎ長野に呼ぼう冬季五輪」も公募で決定。昭和61年11月28日、長野市はJOCに立候補届を提出したのです。旭川市（北海道）、山形市、盛岡市（岩手県）も立候補したなかで、昭和63年6月1日、最終の国内選考が行われ、JOC委員45人中、過半数の34票を獲得した長野市が選出されました。

平成元（1989）年10月12日、最高顧問を内閣総理大臣と衆参両院議長、名誉会長を堤義明JOC会長、会長を吉村知事とした新たな全国組織「長野オリンピック招致委員会」が立ち上がりました。委員511人、顧問30人からなる大団体です。

IOC（国際オリンピック委員会）会長に立候補届を提出したのは平成2年。大会計画書の作成、広報・PR活動、IOC委員による調査など、懸命な招致活動を展開したのはいうまでもありません。ほかに立候補していたのは、アオスタ（イタリア）、ハカ（スペイン）、エステルスンド（スウェーデン）、ソルトレークシティー（アメリカ）、ソチ（旧ソビエト連邦）の5都市です。

イギリスのバーミンガムでのIOC総会で、立候補都市の招致演説が行われたのは平成3年6月16日でした。各都市はそれぞれ、「太陽と情熱の国は歓待に自信がある」（ハカ）「名だたるウインタースポーツの国にぜひ5度目の正直を期待したい」（エステルスンド）「安定した地域と完備した施設で全世界の五輪ファミリーを満喫させられる」（アオスタ）などと訴え、長野市は「最高の施設と環境を約束する」と演説しました。

プレゼンテーション後にIOC委員による投票が行われ、5回の投票を経た日本時間午前3時28分、サマランチIOC会長が開催都市を発表しました。

「The City of NAGANO」

第18回冬季オリンピック開催都市発表の瞬間です。会場のバーミンガムインターナショナルセンターでも、衛星中継を見る長野県でも大歓声が上がりました。半世紀も前から熱望していた長野県でのオリンピック開催がついに決定したのです。多くの協力団体や住民のオリンピックに寄せる熱意が実を結んだといえます。

平成３年６月15日（日本時間16日）、イギリス・バーミンガムでのIOC総会で「長野」決定の瞬間、立ち上がって握手で喜び合う招致団幹部たち（信濃毎日新聞社蔵）

盛り上がった16日間

長野大会を運営するために組織されたNAOC（長野オリンピック冬季競技大会組織委員会）は、競技役員3570人、自衛隊2169人、開催市町村支援職員1834人などを含めた4万4066人の大所帯となりました。そのうち74％の3万2579人はボランティアで、大会を成功させる大きな原動力になったのです。

NAOCは「自然との共存、平和と友好」を基本理念に据え、「愛と参加の長野オリンピック」を目指し、

開催まであと200日となった平成9年7月22日、長野市役所に掲げられた「愛と参加の長野オリンピック」の懸垂幕（信濃毎日新聞社蔵）

次の3つのテーマを掲げました。

1　子どもたちの参加促進
2　美しく豊かな自然との共存
3　平和と友好の祭典の実現

テーマ1の取り組みのなかで特に注目されたのが、長野市内78の小・中・特別支援学校が学校ごとに担当する参加国を決めて応援する「一校一国運動」でしょう。それぞれ担当国について勉強を始め、さっそく県内の在住者を招いて話を聞き、視察に訪れた各国オリンピック委員会の訪問を受けて交流した学校もありました。多くの学校が大会期間中には実際に応援に出かけ、各国のチームから招かれて交流会を行うなど、子どもたちが世界への関心や理解を深める大きなきっかけになりました。

なかでも、ジャマイカと交流し、当時の駐日大使に「もう一度小学校に入学するなら、裾花小にぜひ行きたい」とまで言わせた裾花小学校は、高学年全員が同国のボブスレー競技を観戦し、声をからして応援しました。大会中に同国が開いた文化プログラムのコンサートで子どもたちがボブスレー選手やプロのレゲエミュージシャンと一緒に舞台に立つなど、「交流が深まるにつれて、ジャマイカのおおらかな雰囲気が学校中に浸透してきた。子どもたちがものおじしないようになった」(同小担当教諭)。こうした成果は大成功の一例といえるでしょう。

また、子どもの入場料を半額にし、10万枚の特別観戦枠が用意されたことで、多くの子どもたちが世界レベルの競技を観戦、応援できました。

テーマ2では、環境保護の観点から滑降コースを志賀高原岩菅山から白馬村八方尾根へと変更、国立公園に配慮したコース選定を行いました。野沢温泉村ではオオタカの営巣を保護するためにバイアスロンのコース変更を行いました。地形や生態系を守る会場・道路工事、リサイクルの工夫がなされたのも記憶に新しいところです。

テーマ3では「おもてなし」を特筆すべきでしょう。開催都市名は長野市でも、競技会場が県内各地に分かれていたこともあって、それぞれの地で歓迎会や交流会、豚汁やおやきのサービス、プレゼントなどのおもてなしが行われました。

長野大会の参加国・地域72、7競技68種目、選手・役員4638人はいずれも過去最多の数となりました。

カーリングが正式競技となり軽井沢町を会場に、スノーボードは初めて実施され、長野市と山ノ内町を会場にして行われました。ス

下高井郡山ノ内町の志賀高原焼額山会場で行われた男子回転競技を観戦する人々（個人蔵）

ピードスケート500mの清水宏保、ショートトラック500mの西谷岳文、モーグルの里谷多英、ジャンプ団体とラージヒルの船木和喜の金メダル5をはじめとする銀1・銅4のメダル獲得数は、平成30年の平昌大会に抜かれるまで20年間、日本史上最高の成績でした。

冬季オリンピック招致を熱望して約60年、3度目にして実現した長野県でのオリンピック。多くの先人がスキー・スケートや地域発展に関心を持ち、夢や熱意を持って取り組んできたことが、このオリンピック開催につながったのだと思います。

受け継がれるオリンピックの遺産

オリンピックに引き続き開催されたパラリンピックも含めて、世界とつながった「NAGANO」。国際化、健康・環境、ボランティア精神、おもてなし・友好、地域振興、さらに夢や希望など、多岐にわたって展開された成果が、今も受け継がれています。

子どものころ、長野大会を間近に観戦して出場の夢を抱いた選手も少なくありません。ノルディック複合の渡部暁斗・善斗（白馬村）やカーリングの両角友佑・公佑（軽井沢町）、スピードスケートの小平奈緒（茅野市）は平成30年の平昌大会に出場し、子どものころに描いた夢を叶え、さらに次の子どもたちの大きな夢を後押ししています。

長野大会から始まった「一校一国運動」はＩＯＣからも高い評価を受け、草の根交流としてその後のオリンピックにも引き継がれました。当時交流した国に留学したり、海外での仕事に就いた人のなかには「オリンピックには人生を変えるような影響がある」と感じたり、「オリンピックは知らない国や競技を知る機会。そこで感じたことが自身の将来につながるかも」と話したりする人もいます。

長野大会から20年経った平成30年、当時の相手国と子ども同士の往来や手紙のやりとりなどの交流を続けている長野市の学校は、約20校あります。新たな国際交流へと発展させた学校のうち、緑ヶ丘小学校は長野マラソンに出場するケニアの選手・コーチと、アフリカの弦楽器ニャティティの演奏と日本のソーラン節を融合させた音楽に合わせて踊りました。ボスニア・ヘルツェゴビナを担当していた三本柳小学校は、ルワンダと交流を始めて現地を訪れたり、空き缶や葉書集めをして途上国へ送金したりしながら、平和学習を進めています。ロシアと交流した裾花中学校では、青年海外協力隊員と電子メールや文通などを通して交流し、異国の文化や風土を学んでいます。

平昌大会でも、韓国江原道の小中高校が出場国などの文化を学び、選手らを応援する「一

ソチ五輪（平成26年）で日本を担当したソチ市ギムナジウム学校との交流を実現させた長野市の裾花中学校。平成28年10月、長野五輪でロシアを担当した同校をギムナジウム学校の生徒6人が訪問、互いの文化への理解を深めた（信濃毎日新聞社蔵）

校一国文化交流」に取り組みました。日本を担当した碧瀬小学校では、日本のイメージとしたロボットの衣装を作ってパレード。同じく日本を応援する平昌高校では、スマートフォンで日本語を調べて「がんばれ」「ファイト」などのプラカードを作り応援しました。

オリンピック開催地に広がってきた「一校一国運動」の流れは、東京オリンピック・パラリンピックにも引き継がれます。東京都は各学校ごとに複数の国・地域について学ぶ「世界ともだちプロジェクト」、政府は海外選手と地域住民が交流する「ホストタウン」構想を進めています。長野市教育委員会も２０２０年度に向けた教育プログラムを始めました。

長野オリンピックとパラリンピックについて県世論調査協会が平成29年12月から30年１月に実施した県民意識調査によると、開催について「良かった」「まあ良かった」と思う人は88％、パラリンピックは79％に上りました。

そのなかで「長野五輪を開催したことによるレガシー（遺産）は何か」の問いには、上位を占めた新幹線開通、県内の高速交通網の整備、ＮＡＧＡＮＯの知名度の向上のほか、海外からのスキー客の増加、アイスホッケーやカーリングのチーム結成、さらに子どもたちに夢と希望を与えたこと、市民の国際化意識の高まり、ボランティアが根付いたことなどが挙がりました。

オリンピックのために整備した競技施設の後利用や、大規模改修など多額の費用がかかる維持管理など、オリンピックの開催をメリットだけで論じることはできません。しかし、新幹線や五輪道路の開通が生活や観光などの利便性を高めたことは確かです。知名度の向上は観光客を呼び込み、ボランティアやパラリンピック・障害者への関心や理解が広まりました。

開催を望み続けた人々の達成感や単なる競技会場の提供、あるいは大会期間中の感動にとどまらず、多くの人々のさまざまな意識に、大きなインパクトを与えた長野オリンピック。地元で開かれたオリンピックが何を残し、地域や社会をどう変える機会になったのか。有形無形の多くの遺産を受け継ぎ生かすことこそ、オリンピック開催地としての本当の意義だと思います。八十数年前に「地域発展」のためにオリンピック招致運動を始めた先人の熱い思いと重なっているのではないでしょうか。

（畔上不二男）

あとがき

信州の先人たちは、信州独自の文化を大切にしながら、他地域との交流により他地域の文化を積極的に受け入れてきました。新たな信州を築くとともに、日本のみならず世界との繋がりをより深めてきたのです。先人たちがその時代の中にあって、先を見る広い視野を持っていたからではないでしょうか。

「信州を学ぶ」という本シリーズでは、信州に関わる歴史的事象や信州の文化、また、それらに係る先人たちの姿や思いを、当館職員が歴史的視点から描いています。

皆さんが信州のことや自分が住んでいる地域の歴史を調べたときにわからないことがあれば、歴史館に問い合わせてください。疑問の解決方法や資料の調べ方について、職員が丁寧にお答えします。

最後に、第1巻に続き第2巻を出版していただいた信濃毎日新聞社及び編集を一括して行っていただいた山崎紀子氏に感謝申し上げます。

2018年10月

長野県立歴史館副館長兼管理部長　伊藤　靖

主な参考文献

有賀義人『信州の啓蒙家　市川量造とその周辺』凌雲堂書店（１９７６）／有賀義人『復刊　信飛新聞』復刊信飛新聞刊行会（１９７０）／飯島発電所とその隧道工事の歴史を残す会『飯島発電所とその隧道工事についての調査研究』（２０１４）／飯田市美術博物館『特別展　伊那谷の人形芝居』（１９９１）／飯田市美術博物館『飯田市美術博物館調査報告書（１）伊那谷の人形芝居―かしら目録台帳―』（１９９１）／飯田市美術博物館『飯田市美術博物館調査報告書（２）伊那谷の人形芝居―文書目録台帳―』（１９９６）／飯田市美術博物館『遠山霜月祭〈南信濃１〉〈南信濃２〉』（２０１０・２０１１）／飯田市美術博物館『民俗の宝庫〈三遠南信〉の発見と発信』（２０１２）／市川健夫『信州学大全』信濃毎日新聞社（２００４）／伊藤友久「須山賢逸の関連史料（三）―群青から信南自由大学へ、そして信濃自由大学との係わり―」『信濃　第五五巻第七号』信濃史学会（２００３）／伊藤友久他『信州舞台物語―団十郎も須磨子もやってきた―』長野県立歴史館（２００５）／伊藤友久他『自由大学運動の遺産と継承―90周年記念集会の報告―』前野書店（２０１２）／井原今朝男『中世のいくさ・祭り・外国との交わり―農村生活史の断面』校倉書房（１９９９）／鵜飼幸雄『国宝土偶「縄文ビーナス」の誕生・棚畑遺跡』新泉社（２０１０）／牛山佳幸『善光寺の歴史と信仰』法蔵館（２０１６）／荻原碌山著・中村不折編『彫刻真髄』博文館（１９１１）／折口信夫『折口信夫芸能論集』講談社（２０１２）／片倉工業株式会社『ニューカタクラの創造　株式会社創立70周年記念写真帳』（１９９１）／片倉製絲紡績株式会社考査課『片倉製絲紡績株式会社創立20年紀念写真帖』片倉製絲紡績株式会社（１９４１）／加納克己『日本操り人形史―形態変遷・操法技術史―』八木書店（２００７）／上村遠山霜月祭保存会『遠山霜月祭〈上村〉』（２００８）／神崎宣武『峠をこえた魚』福音館書店（１９８５）／北澤憲昭『眼の神殿―「美術」受容史ノート〔定本〕』ブリュッケ（２０１０）／グループＳＫＩＴ『大噴火の恐怖がよくわかる本』ＰＨＰ研究所（２０１５）／更埴市『更埴市史』更埴市史編纂委員会（1991）／国土緑化推進機構『平成28年度学校林現況調査報告書』（2018）／小平千文・中野光・村山隆『上田自由大学と地域の青年たち　上田小県近現代研究会ブックレット11』上田小県近現代研究会（2004）／笹本正治『信濃の戦国武将たち』宮帯出版（2016）／佐滝剛弘『日本のシルクロード　富岡製糸場と絹産業遺産群』中央公論新社（2007）／佐藤一夫「タカラガイの道」『苫小牧市美術博物館研究報告』第1号（1991）／更科小学校『さらしなの里』百年祭実施委員会（1975）／更級埴科地方誌刊行会『更級埴科地方誌』（1967他）／潮見浩『図解技術の考古学』有斐閣選書（1989）／茂原信生「第6章　人骨の形質」『北村遺跡　本文編』（財）長野県埋蔵文化財センター（1993）／静岡県立美術館他『もうひとつの明治美術―明治美術会から太平洋画会へ―』図録（2003）／信濃毎日新聞社『長野県スポーツ史』（1979）／信濃毎日新聞社『諏訪大社』（1980）／下諏訪町誌増補版編集審議会『増訂版　下諏訪町誌』甲陽書房（1985）／申叔舟著、田中健夫訳注『海東諸国紀―朝鮮人の見た中世の日本と琉球』岩波書店（1991）／新信濃風土記刊行会『信濃―長野県の歴史と風土』創土社（1972）／鈴木廣之・小林純子『日本における美術史学の成立と展開（平成9～12年度科学研究費補助金基礎研究（A）（2）研究成果報告書）』東京国立文化財研究所（2001）／諏訪市史編纂委員会『諏訪市史上巻』諏訪市（1995）／諏訪市立博物館『御柱とともに』（1992）／台東区立書道博物館『画家・書家　中村不折のすべて』台東区芸術文化財団（2013）／ダイヤモンド社『生糸〈片倉工業〉』（1966）／高遠町教育委員会『史跡高遠城跡二ノ丸・南曲輪　埋蔵文化財発掘調査報告書』（2006）／高橋桂「魚形線刻画のある土器片」『信濃24巻第11号』信濃史学会（1972）／高橋保他『六反田南遺跡Ⅵ』新潟県埋蔵文化財調査事業団他（2018）／高橋正樹『破局噴火』祥伝社（2008）／竹本太郎『学校林の研究』農山漁村文化協会（2009）／田中欣一『「信州の大紀行」シリーズ⑥　善光寺大紀行』一草舎出版（2009）／茅野市『茅野市史　上巻』（1986）／塚田博之「一粒の麦落ちて死なずば　赤羽長重校長と遭難事故から学ぶこと」『信濃教育第１５１２号』信濃教育会（２０１２）／角田一郎『農村舞台の総合的研究―歌舞伎・人形芝居を中心に』桜楓社（１９７１）／角田一郎『農村舞台探訪』和泉書院（１９９４）／寺内隆夫他「山ノ神遺跡出土魚形線刻画土器の検討」『奥信濃文化　第20号』飯山市ふるさと館友の会（２０１３）／寺沢秀文『満蒙開拓平和記念館』満蒙開拓平和記念館（２０１５）／天竜村史編纂委員会『天竜村史』天竜村（２０００）／東京文化財研究所美術部『明治期府県博覧会出品目録　明治四〜九』東京文化財研究所（２００４）／遠山祭礼調査会『遠山祭』（１９５６）／鳥居龍蔵『諏訪史　第一巻』信濃教育会諏訪部会（１９２４）／長野オリンピック冬季競技大会組織委員会『第18回オリンピック冬季競技大会公式報告書』信濃毎日新聞社（１９９９）／長野県教育委員会『坂部の冬祭り』（１９６２）／長野県教育史刊行会『長野県教育史』（１９７８他）／長野県史刊行会『長野県史通史編　第１・２・５・９巻』（１９８６）／長野県信濃美術館他『もうひとつの明治美術―明治美術会から太平洋画会へ』図録（２００３）／長野県埋蔵文化財センター『長野県竹佐中原遺跡における旧石器時代の石器文化Ⅱ』（２０１０）／長野県立歴史館『長野県の満州移民』（２０１２）／長野県立歴史館『信濃国の城と城下町』（２０１６）／長野市『長野市誌　第十巻民俗編』（１９９８）／中村浩編『雪祭り』東京堂出版（１９６９）／新津新生『蚕糸王国　長野県』川辺書林（２０１７）／西山克己『シナノにおける古墳時代社会の発展から律令期への展望』雄山閣出版（２０１３）／西山克己他『平成25年度夏季企画展　信州の野球史　展示図録』長野県立歴史館（２０１３）／新田満夫『十巻本　伊呂波字類抄』雄松堂出版（１９８７）／二本松泰子『中世鷹書の文化伝承』三弥井書店（２０１１）／八十二銀行『八十二銀行史』（１９６８）／林誠「資料紹介《筑摩県博覧会》」『長野県立歴史館研究紀要第21号』長野県立歴史館（２０１５）／林誠他『中村不折秀作集』新葉社（２００２）／東条小学校『東条小学校一〇〇年誌』（１９８５）／ぶぎん地域経済研究所「蚕糸業撤退後、成長産業に多角的にシフト」『ぶぎんレポート　№１６４　２０１３年３月号』（２０１３）／藤森英二『信州の縄文早期の世界・栃原岩陰遺跡』新泉社（２０１１）／古川貞雄他『長野県の歴史』山川出版社（１９９７）

／細野正夫他『中洲村史』中洲公民館（１９８５）／本多勝一『ニューギニア高地人』朝日新聞社（１９６４）
／松本城下町研究会『よみがえる城下町・松本』郷土出版社（２００４）／丸山晩霞記念館『日本水彩画会創立１００周年記念　水彩画家　丸山晩霞展図録』（一部改訂版）（２０１６）／溝口俊一「学校林が果たした役割の変遷」『長野県立歴史館研究紀要　第24号』長野県立歴史館（２０１８）／南信濃村史編纂委員会『南信濃村史　遠山』南信濃村（１９７６）／南信州阿南町新野雪祭等資産化事業実行委員会『新野の雪祭り』（２０１７）／南信州民俗芸能継承推進協議会『南信州の民俗芸能』飯田市・南信州民俗芸能継承推進協議会（２０１７）／箕輪町教育委員会『無形文化財調査資料　古田人形』（１９７２）／宮坂勝彦編『製糸王国の巨人たち　片倉兼太郎　信州人物風土記・近代を拓く　銀河グラフティ22』銀河書房（１９８９）／村井章介『国境を超えて―東アジア海域世界の中世』校倉書房（１９９７）／村石正行「奉行人京都諏訪氏の基礎的考察」『長野県立歴史館研究紀要　第11号』長野県立歴史館（２００５）／村沢武夫『伊那の芸能』伊那史学会（１９６７）／山と渓谷社『目で見る日本登山史』（２００５）／山野晴雄『自由大学運動と現代　自由大学運動60周年集会報告集』自由大学研究会（１９８３）／八幡小学校『創立百周年八幡小学校沿革誌』（１９７２）／碌山美術館『荻原守衛の人と芸術』信濃毎日新聞社（１９７９）／和合会『和合会の歴史　下巻』（１９７５）／渡辺敏編集委員会『渡辺敏全集』長野市教育会（１９８７）

長野県立歴史館とは

平成6(1994)年11月、考古資料、歴史的価値を有する文書、その他歴史資料等を収集・保存し、広く県民の利用に供し、その教養及び文化の振興に寄与する目的で開館しました。展示や情報を伝える博物館的機能を担う総合情報部門、埋蔵文化財を保存・公開する考古資料部門、行政文書・古文書を扱う文献史料部門の3部門からなります。

国史跡の森将軍塚古墳のふもと、「科野の里歴史公園」にある

1階は文書・遺物の収蔵や整理・保存などのスペース、200人収容の講堂、2階に常設展示室、企画展示室、閲覧室などがあり、屋外には「縄文の森」「万葉の野」「中世の林」が広がります。

「信濃の風土と人びとのくらし」をテーマにした常設展示のキャッチフレーズは、「みて、ふれて、体感して」。原始―八ケ岳のふもとにある国史跡の阿久遺跡をモデルにした「縄文のムラ」、中世―鎌倉時代の善光寺門前、近世―江戸時代前期の中農農家、近現代―六工製糸場(長野市松代町)の実物大復元展示は臨場感あふれます。

「長野県立歴史館展示案内」「長野県立歴史館展示資料目録」のほか、企画展図録、研究紀要、ブックレットなどの出版物、ピンバッチなどオリジナルグッズを販売するミュージアムショップもあります。

重要文化財の「長野県日向林B遺跡出土品」(後期旧石器時代、斧形石器・台形石器など)「長野県吉田川西遺跡土壙出土品」(平安時代、緑釉埦・皿など)「鳥羽院庁下文」(平安時代)、長野県宝の「動物装飾付釣手土器」「屋代遺跡群出土木簡」「大文字の旗」のほか、県埋蔵文化財センターから移管された発掘出土品、県内外から寄贈・寄託された古文書、明治以降の県庁文書(一部は長野県宝)など多数収蔵。年2回の企画展のほか、季節展、巡回展を開催。年間にわたって各種講演会・講座(出前講座を含む)やイベントを実施しています。

アクセス／しなの鉄道屋代駅または屋代高校前駅から徒歩25分。長野自動車道更埴ICから車5分。高速道路バス停「上信越道屋代」から徒歩5分

執筆・監修

笹本正治
Sasamoto Shoji　館長
1951年山梨県出身。77年名古屋大学大学院文学研究科博士課程修了。同大学文学部助手を経て、84年信州大学人文学部助教授、94年同大教授。2009〜14年同大副学長。16年より現職。専門は16世紀を中心とする日本史学。
著書は『甲信の戦国史―武田氏と山の民の興亡』（ミネルヴァ書房）『中世の音・近世の音―鐘の音の結ぶ世界―』（講談社学術文庫）『災害文化史の研究』（高志書院、『山に生きる―山村史の多様性を求めて―』（岩田書院）など多数。

執筆（五十音順　歴史館での主な担当業務）

青木隆幸
Aoki Takayuki
2017年度まで学芸部長
現飯田ＯＩＤＥ長姫高等学校教諭。下伊那郡喬木村出身。

畔上不二男
Azegami Fujio　総合情報課
展示（近世）、常設展示室の管理、ボランティア対応など。小県郡丸子町（現上田市）出身。

市川　厚
Ichikawa Atsushi
2017年度まで総合情報課
現長野県教育委員会文化財・生涯学習課指導主事。長野市出身。

伊藤友久
Ito Tomohisa　文献史料課
行政文書の閲覧・収集・保存・公開など。飯田市出身。

伊藤　靖
Ito Yasushi　副館長兼管理部長
館長補佐および管理部総括。長野市出身。

遠藤公洋
Endo Kimihiro
2017年度まで考古資料課
現長野市立豊野中学校教諭。長野市出身。

大竹憲昭
Otake Noriaki　総合情報課長
展示、教育普及、閲覧情報などの総括。本書制作の担当課長。東京都出身。

小野和英
Ono Kazuhide　文献史料課長
行政文書や古文書の収集・保存・整理などの総括。北安曇郡池田町出身。

寺内隆夫
Terauchi Takao　総合情報課
展示（原始）、閲覧、図書資料収集、博物館実習など。大阪府出身。

中野亮一
Nakano Ryoichi
2017年度まで文献史料課長
現蓼科高等学校教頭。佐久市出身。

西山克己
Nishiyama Katsumi　考古資料課長
考古資料の収集・保存・整理・閲覧などの総括。神奈川県出身。

林　誠
Hayashi Makoto　総合情報課
展示(近現代)、企画展の開催、収蔵環境の管理など。東京都出身。

原　明芳
Hara Akiyoshi
2016年度まで総合情報課長
現安曇野市豊科郷土博物館館長。松本市出身。

福島正樹
Fukushima Masaki
2017年度まで文献史料課、元総合情報課長
現信州大学大学史資料センター特任教授。松本市出身。

福島良彦
Fukushima Yoshihiko　学芸部長
総合情報課、考古資料課、文献史料課からなる学芸部の総括。下伊那郡高森町出身。

町田勝則
Machida Katsunori　考古資料課
考古資料の収集・保存・管理・閲覧など。群馬県出身。

水澤教子
Mizusawa Kyoko　総合情報課
本書の企画・制作担当。展示(古代・中世)、講座運営など。北佐久郡軽井沢町出身。

溝口俊一
Mizoguchi Shunichi　総合情報課
展示(古代・中世)、広報、「お出かけ歴史館」事業など。長野市出身。

村石正行
Muraishi Masayuki　文献史料課
古文書の閲覧・収集・保存・公開、古文書講座、県史料協議会事務局など。須坂市出身。

山田直志
Yamada Naoshi　総合情報課
展示(近現代)、県博物館協議会事務局、北信越博物館協議会事務局など。中野市出身。

館内協力（五十音順）
飯島公子／市川美穂／小田切豊春／加藤廣美／近藤尚義／酒井真理子／佐藤国昭／白沢勝彦／相馬麻織／塚崎敦子／土屋英夫／手島良子／本藤直美／丸山洋子／南澤麻美／宮入千恵子／宮下啓一

切り絵制作　長野県屋代南高等学校3年生および美術部

協力者・写真提供機関(50音順)
粟狭神社、飯田市美術博物館、伊那市教育委員会、岩波書店、上田市立博物館、岡谷蚕糸博物館、河野仁志、国立科学博物館、坂城町立坂城小学校、信濃毎日新聞社、下諏訪町教育委員会、諏訪市博物館、善光寺事務局、台東区立書道博物館、大東急記念文庫、高岡市立博物館、千曲市立東小学校、東京都立中央図書館、徳島県立阿波十郎兵衛屋敷、徳島市天狗久資料館、長門裕幸、長野商業高等学校同窓会、長野市立博物館、長野西高等学校同協会、長和町教育委員会、日本新聞博物館、平沢尚忠、藤森英二、松商学園高等学校、松本市教育委員会、松本市立博物館、松本深志高等学校野球部OB 会 宮澤和夫、丸山晩霞記念館、宮田村教育委員会、碌山美術館

ブックデザイン　中沢定幸
編集　山崎紀子

広い世界とつながる信州
信州を学ぶ●視野を育てる編

2018年11月30日　初版発行

編著者　長野県立歴史館
〒387-0007　千曲市屋代260-6
TEL026-274-2000 FAX026-274-3996
http://www.npmh.net/
発　行　信濃毎日新聞社
〒380-8546　長野市南県町657
TEL026-236-3377 FAX026-236-3096
https://shop.shinmai.co.jp/books/
印刷所　大日本法令印刷株式会社

ISBN978-4-7840-7341-2　C0021

定価はカバーに表示してあります。
乱丁・落丁本は送料弊社負担でお取り替えいたします。